„ …Das Treppenhaus ist meine ganze Freude…"

Meisterhäuser in Dessau – Das Feiningerhaus

„ …Das Treppenhaus ist meine ganze Freude…"

Meisterhäuser in Dessau – Das Feiningerhaus

Der Buchtitel
„... das Treppenhaus ist meine
ganze Freude..."
entstammt einem Brief Lyonel Feiningers
an seine Frau Julia vom 2. 8. 1926

Inhaltsverzeichnis

Vorwort

"... Ich sitze auf unserer Terrasse, die einfach wonnig ist. Der Überhang und die kurze Südwand, über die wir so unglücklich waren, auf dem Plan des Hauses, geben gerade das gemütliche Licht – ohne diese Vorsprünge wäre alles in Sonne und Mittagsglut gebadet. Es geht mit allen Räumen so – sie sind wohnlicher – und fast immer größer, als wir nach dem Hausplan und ohne Möbel vorstellten..." so schrieb Lyonel Feininger am 2. August 1926 in einem Brief an seine Frau.

Auch im Jahr 2001 – 75 Jahre nach dem Brief Feiningers – ist *"wonniges"* Wohnen ein Grundbedürfnis des Menschen. Für die Dresdner Bauspar AG war es in den vergangenen 12 Jahren stets eine besondere Freude, vielen unserer Kunden den wohl aufregendsten Traum zu erfüllen: Das Wohnen in den eigenen vier Wänden. Mögen sich auch gesellschaftliche und politische Rahmenbedingungen sowie Finanzierungsmethoden ändern: Auch in Zukunft wird dieser Traum von vielen Menschen geträumt und durch einen Bausparvertrag realisiert werden.

Wir haben dieses Buch in unsere Edition aufgenommen, um dem interessierten Leser einen Einblick in das Leben und Wohnen im Bauhaus und den Meisterhäusern in Dessau zu ermöglichen. Mit diesen Häusern demonstrierte Walter Gropius bereits in den zwanziger Jahren seine neue Auffassung von zeitgemäßem Wohnen: Das Haus als lebendiger Organismus, variabel in seiner Ausgestaltung, orientiert an den Wohn- und Lebensbedürfnissen des modernen Menschen. Gedanken, die in der Baubranche leider auch heute noch viel zu wenig berücksichtigt werden. Wir hoffen, mit diesem Buch neue Anstöße zu geben.

Rüdiger Wiechers   Dr. Andreas Rösner

Vorstand der Dresdner Bauspar AG

Die Häuser für die Bauhausmeister. Konzept, Entwurf, Entstehung

Wolfgang Thöner

1925 hatte Dessau im *"Tanz der deutschen Städte um das goldene Kalb Bauhaus"*, wie es Oskar Schlemmer damals ironisch formulierte, das Rennen gemacht. Das *"Staatliche Bauhaus in Weimar"* verließ seinen Gründungsort und wurde als Bauhaus Dessau im Oktober 1926 zur *"Hochschule für Gestaltung"*. Als Walter Gropius mit der Stadt Dessau über die Ansiedlung des Bauhauses verhandelt hatte, war ihm mit maßgeblicher Unterstützung des Oberbürgermeisters Fritz Hesse nicht nur der Bau eines eigenen Schulgebäudes zugesichert worden, sondern auch der einer Reihe von Wohnhäusern für die Bauhausmeister. Im Auftrag der Stadt an das Büro des Bauhausdirektors Walter Gropius entstanden so 1925 bis 1926 zeitgleich mit dem Bauhausgebäude die Häuser für die sieben Meister des Bauhauses: ein Einzelhaus (ohne Atelier) für den Direktor und drei Doppelhäuser mit Ateliers, die von Laszlo Moholy-Nagy und Lyonel Feininger, Georg Muche und Oskar Schlemmer sowie von Wassily Kandinsky und Paul Klee bewohnt wurden. Für das Haus des Direktors und die drei Doppelhäuser fiel die Entscheidung auf ein Gelände an der damaligen Burgkühnauer Allee, das im März 1925 bei einem gemeinsamen Spaziergang des Ehepaars Walter und Ise Gropius mit dem damaligen Oberbürgermeister Fritz Hesse gefunden wurde. Nachdem im Mai 1925 der Auftrag zum Bau der Siedlung erging, begann der Entwurf der Häuser unter Mitwirkung von Carl Fieger u.a. Mitarbeiter des Baubüros Gropius. Bauherr war die Stadt Dessau. Die Bauhausmeister wohnten zur Miete. Im September begannen die Bauarbeiten. Bauleiter waren Hans Volger und Heinz Nösselt. Das Richtfest feierte man am 15. November 1925. Die Meister zogen im Juli 1926 ein.In Bezug auf Konzept, Entwurf, Bautechnik und Bauzeit stehen die Meisterhäuser im engsten Zusammenhang mit dem Bauhausgebäude. Wie bei diesem kann eine nur auf formalkünstlerische Konsequenz oder allein auf praktische Gebrauchswerterfüllung abzielende Beurteilung den Bauten nicht gerecht werden. Gropius wollte *"den klaren organischen Bauleib schaffen, nackt und strahlend, der seinen Sinn und Zweck aus sich selbst heraus durch die Spannung seiner Baumassen zueinander funktionell verdeutlicht und alles Entbehrliche abstößt, das die absolute Gestalt des Baues verschleiert"* und wandte sich mit seiner von ihm *"Wesensforschung"* genannten Methode nicht nur von falschem Pomp und von zu lebloser Konvention erstarrten Regeln und Stilistiken ab, sondern zielte ebenso auf das im Bau sich abspielende Leben. Bauen hieß für Gropius *"Gestalten von Lebensvorgängen"*. Er selbst hatte es 1930 gerade anhand von Fotografien der Meisterhäuser so beschrieben: *"Der Organismus eines Hauses ergibt sich aus dem Verlauf der Vorgänge, die sich in ihm abspielen... Die Baugestalt ist nicht um ihrer selbst Willen da. Sie entspringt allein dem Wesen des Baus, aus seiner Funktion, die er erfüllen soll."* Funktion schloss dabei für Gropius nicht nur die unmittelbaren Nutzungsqualitäten, sondern auch die Rezeption, das Erleben des Baues mit ein,

Walter Gropius und Adolf Meyer, Haus Sommerfeld Berlin-Dahlem 1920/21

Walter Gropius und Adolf Meyer, Haus Otte Berlin-Zehlendorf, 1920/21

"denn Architektur erschöpft sich nicht in Zweckerfüllung, es sei denn, dass wir unsere psychischen Bedürfnisse nach harmonischem Raum, nach Wohlklang und Maß der Glieder, die den Raum erst lebendig machen, als Zwecke höherer Ordnung betrachten". Die Meisterhäuser waren gleichzeitig ein Bekenntnis zu Typisierung und Normierung eines industrialisierten Bauens, das sich jedoch nur so weit umsetzen ließ, wie Baubetriebe und Industrie entwickelt bzw. in Dessau verfügbar waren. So kamen z. B. so genannte *"Jurko-Steine"* zum Einsatz, aus Zement, Schlacke und Sand gepresste Bauelemente von solcher Größe und solchem Gewicht, dass sie noch von Hand versetzt werden konnten.

Typisierung und Normierung waren eher an Teilen der Inneneinrichtung auszumachen, zu der die Heizungsradiatoren von Junkers, Türgriffe von Walter Gropius und Adolf Meyer und Möbel von Marcel Breuer gehörten. Bestrebungen zur rationalen Gestaltung des Bauablaufs prägten viel deutlicher die zeitgleich begonnene Siedlung in Dessau-Törten. Die Meisterhäuser sind das Ergebnis eines Suchprozesses nach dem zeitgemäßen einzel stehenden Wohnhaus zwischen Landhaus und Villa, nicht nach dem Kleinwohnhaus. Die Spur dieses Prozesses führt zurück zum ersten Wohnhaus, das Walter Gropius nach dem einschneidenden Erlebnis des Ersten Weltkriegs baute. Das Haus Sommerfeld, nach dem Entwurf von Walter Gropius und Adolf Meyer 1920/21 in Berlin-Dahlem errichtet, war in seiner Innenausstattung (mit Arbeiten von Joost Schmidt, Marcel Breuer und Josef Albers) das erste Gemeinschaftswerk des gerade gegründeten Bauhauses. Wie das Programm der Schule mit seinem Ethos eines Zurück-zum-Handwerk wirkte das Haus als expressionistisches Gesamtkunstwerk als *"Protest gegen die falsche akademische Wissenschaft und moralische Reaktion auf die Vergehen der Herrschaft der Maschinen"* (Berdini). Das Holzhaus auf einem Steinsockel stand mit seinen strengen Symmetrien körperhaft als Solitär in einem mitgeplanten Garten. Das unmittelbar darauf entstandene Wohnhaus Otte (Gropius mit Meyer, 1920/21) in Berlin-Zehlendorf war *"eine verputzte und dramatisierte Version des Hauses Sommerfeld"* (Jaeggi). Mit ihm begann sich Gropius vom Handwerksideal der ersten Bauhauszeit zu verabschieden: Das Gebäude hatte keinen Sockel. Man konnte nicht mehr die Geschosse an der Fassade ablesen, und zum ersten Mal im Oeuvre von Gropius wurde ein Haus aus scharfkantigen, geometrisch klaren und weiß geputzten Baukuben gebildet. Der scharfe Einschnitt in die Eingangszone brach die Körperlichkeit auf. Im Gegensatz zur strengen Symmetrie der Straßenfront war die Gartenseite asymmetrisch gestaltet, die deutlich aus zwei sich durchdringenden Kuben zu bestehen schien. Zur Besonderheit des Hauses wurde, dass über das Haus ein um 45° zum Hausgrundriss gedrehtes Raster gelegt war, erkennbar in den zum Eingang führenden Mauerschrägen. In dem im Entwurf geblieben Wohnhaus Kallenbach in Berlin-Grunewald (Gropius und Meyer, 1922) führte Gropius dieses Entwurfsprinzip zur Konsequenz, indem er die rechtwinkligen Grundrisse von Haus und Garten mit einem im Winkel von 45° verdrehten Gitterraster überlagerte. Es entstand ein in allen Ansichten asymmetrisch gegliederter Baukörper mit vor- und rückspringender, kristallin wirkender Fassade, der kompositorisch mit dem durchgestalteten Garten aufs Engste verbunden war. Dabei

Walter Gropius
und Adolf Meyer,
Entwurf Haus Kallenbach
Berlin-Grunewald, 1922

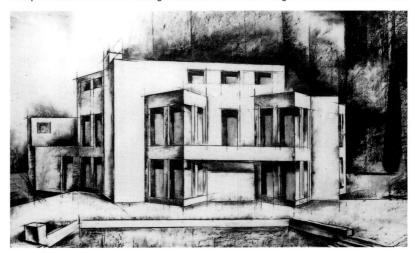

wurde in den Raumfolgen des Hauses auch weiterhin nicht das klassische Prinzip einer Villa durchbrochen. Mit der Wahl eines Flachdaches – das erste Mal bei einem von Gropius entworfenen Wohnhaus – und der ins Auge gefassten Ausführung des Baus in Beton nahm Gropius Anregungen Le Corbusiers und der niederländischen Moderne auf. 1924 entstand in Jena das Haus Auerbach als das letzte gemeinsam mit Adolf Meyer entworfene Haus. Es ist der direkte Vorläufer der Meisterhäuser. Das Haus besteht aus zwei (nimmt man den seitlichen Wintergartenanbau hinzu eigentlich drei) sich durchdringenden Kuben unterschiedlicher Größe und Höhe, die aus dem Grundriss (zwei sich überlappende Rechtecke) abgeleitet und funktional begründet sind. Dieses Prinzip hatten Gropius und Meyer ein Jahr zuvor beim Entwurf gebliebenen Haus Rauth (Berlin-Charlottenburg) erstmalig entwickelt. Auch eine 1923 aus dem Haus Am Horn von Georg Muche (Weimar, 1923) entwickelte Variante und der Entwurf für die Villa Hausmann (Berlin-Charlottenburg, ca. 1924) sind als Vorläufer zu nennen. Beim Haus Auerbach kragt die Ecke mit dem Wintergartenanbau, unterstützt durch den sich gegen die weißen Wände klar absetzenden dunklen Sockel, vor und führt das Thema des Schwebens in die Architektursprache von Gropius ein, das die Meisterhäuser so wesentlich mitbestimmt. Die Meisterhäuser erscheinen in diesem Punkt wie die Quintessenz dieses Prozesses: Ihre Gestalt ist vom Flachdach, dem deutlichen Vorführen des in dieser Konsequenz

*Walter Gropius
und Adolf Meyer,
Haus Auerbach,
Jena, 1924*

neuen Prinzips Trennung und Durchdringung von nach Funktionen gegliederten kubisch-klaren Baukörpern und des Themas *"Schweben"* geprägt. Das dynamische Schweben, betont durch das horizontale Lagern und das Vorkragen zentraler Kuben und der Balkonscheiben, wird effektvoll durch die vertikalen Treppenhausfenster kontrastiert. Die Fenster erscheinen auf dem glatten Putz wie hineingeschnitten oder sind bei den Atelier- und Treppenhausfenstern reliefartig aufgesetzt. Die scharfen Kanten und weißen Flächen der Kuben bekommen lineare Gegenstücke durch die betonten Dachabschlüsse, das filigran wirkende Stahlrohr der Geländer und Details wie die Dachrinne. Dazu kam das genannte Streben nach Typisierung und Normierung, von Gropius auch auf den Grundriss der Doppelhäuser bezogen: *"Der Grundriss der einen der beiden Wohnungen ist das verschränkte, um 90° von Ost nach Süd gedrehte Spiegelbild des Grundrisses der anderen"*. Doch Grundrisse und Innengestaltung der Bauten sind nur in bestimmten Bereichen von der modernen Großzügigkeit und Transparenz geprägt, die die Außenansichten verheißen. Dazu gehören eigentlich nur die Wohnzimmer-Essbereiche im Erdgeschoss und das Atelier im ersten Obergeschoss, um die sich die eng bemessenen, eindeutigen Funktionen zugedachten Räumlichkeiten für Küche, Schlaf-, Bediensteten- und Kinderzimmer gruppieren. Das Einzelhaus Gropius hatte im Souterrain die Wohnung des für alle sieben Häuser verantwortlichen Hausmeisters, die ihren separaten, architektonisch geschickt versteckten Eingang an der Straßenfront erhielt. Die Raumfolgen vom Eingangsbereich zum zentralen Wohn- und Essbereich erscheinen in ihrer axialen Ausrichtung eher traditionell. Dem auf der Südseite gelegenen Wohn- und Essbereich war eine vom auskragenden Obergeschoss teilweise überdachte Terrasse vorgelagert. Im L-förmigen Obergeschoss erschloss ein kleiner Flur ein Gästezimmer und eine Kammer. Durch Fenstertüren gelangte man auf die Terrasse. Die Doppelhäuser sind nicht genau gleich. Das jeweilige westliche Haus hat ein etwas kleineres zweites Obergeschoss. Die Ansichten sind auch durch das Drehen verschieden. *"Die Höhendifferenz zwischen Atelier und Wohnräumen verstärkt diesen Eindruck. Atelier, Treppenhaus, Küche, Speisekammer und WC liegen nach Norden, der direkten Strahlung abgewandt; Wohn- Speise-, Schlaf- und Kinderzimmer mit Garten, Terrassen, Balkons und Dachgärten gehen nach der Sonne."* (Gropius) In einem Punkt bilden die Meisterhäuser gegenüber der aufgemachten Entwicklungslinie vom Haus Sommerfeld zum Haus Auerbach jedoch einen Bruch: Bei allen genannten Entwürfen war immer ein Garten mitgeplant, der zunehmend enger mit dem Wohnhaus verschmolzen wurde. Garten und Haus sollten sich in perfekter Einheit von ihrer Umgebung absetzen – am konsequentesten gerade beim Entwurf des Hauses Auerbach. Leider blieb es beim Entwurf, der mit aufwändigen Laubengängen und durchkonstruierten Blickbeziehungen bis hin zum Pflanzplan die

*Walter Gropius
und Marcel Breuer,
Haus Gropius
(Gartenseite), 1937/38,
Lincoln, Mass., USA*

*Walter Gropius
Meisterhäuser, Dessau:
Doppelhaus Moholy Nagy
und Feininger
(Gartenseite), 1927
Foto: von Lucia Moholy*

Räume von Garten und Hausinnern aufeinander bezogen hätte und die bis dato erste wirkliche Gartengestaltung des Bauhauses gewesen wäre. Die Realisierung blieb gegenüber diesem Entwurf rudimentär. Das bei der Außengestaltung des Hauses Auerbach sichtbar gewordene Konzept eines der Architektur gemäßen modernen Gartens stand in der Tradition von streng architektonisch gegliederten Gartenanlagen, wie sie die englische Arts-and-Crafts-Bewegung z. B. mit den Gärten von Gertrud Jeckyll und Edwin Lutyens hervorgebracht hatte. In Deutschland wurde diese Gartengestaltung von Hermann Muthesius und Peter Behrens, beide wie Gropius im deutschen Werkbund organisiert, aufgegriffen. Im scharfen Gegensatz zu diesem Konzept ist der Außenraum der Meisterhäuser mit seinen von Metallrohren gerahmten Rasenflächen, den Wegen und den kleinen Fahrradgaragen völlig anders gestaltet. Walter Gropius hatte in dem vorwiegend aus Kiefern bestehenden Wäldchen in Nachbarschaft des Georgengartens und unweit eines Gebietes, in dem ab 1919 Gartenstadtsiedlungen entstanden, seine Architektur in einen unmittelbaren Kontrast zur belassenen Natur gebracht. Zugleich kann die Tatsache, dass die Häuser sehr deutlich in das Wäldchen hineingerückt wurden, als eine achtungsvolle Reminizenz an das Gartenreich des späten 18. Jahrhunderts gesehen werden. Noch heute ist die jetzige Ebertallee ein Teil der *"Hauptstraße des Gartenreichs"*, die hier vom Georgengarten zum Kühnauer Park genau entlang einer Sichtachse von der romantischen Ruine der *"Sieben Säulen"* zum nächsten point de vue, dem Amaliensitz von Friedrich Wilhelm von Erdmannsdorff, verläuft. Die Meisterhäuser stehen seit ihrem Bau, ungeachtet ihres Äußeren, wie englische Landhäuser in einem Landschaftspark von Lancelot Capability Brown inmitten eines Wäldchens, dessen Rasen bis ans Haus führt. Inwiefern Gropius bei der Außengestaltung der Meisterhäuser an die *"Gartenrevolution"* des 18. Jahrhunderts gedacht hat, ist nicht feststellbar. Allerdings ist ihm der kulturelle Hintergrund dieses sensiblen Gebiets bekannt gewesen. Mit Sicherheit waren in erster Linie wie beim Haus Auerbach finanzielle und behördliche Vorgaben mit verantwortlich für die Reduzierung des Aufwands für die Gartengestaltung. Doch genauso sicher ist, dass Gropius den Kontrast Natur – menschlicher Bau bewusst gesetzt hat, wie er 1930 in seinem Buch *"Bauhausbauten Dessau"* herausstellte, in dem er vom *"Einweben von Baum- und Pflanzenwuchs zwischen die Baukörper"* sprach, mit denen u.a. *"Spannungen und Maßstab"* geschaffen werden. Die Meisterhäuser bilden zusammen mit dem Bauhausgebäude den Höhepunkt im Schaffen von Walter Gropius. Mit Blick auf später entstandene Bauten ist in diesem Zusammenhang vor allem das Wohnhaus Gropius in Lincoln, Massachusetts, aufschlussreich, Gropius' erstes Projekt in den USA. Mit ihm errichtete er 1937/38 in Zusammenarbeit mit Marcel Breuer zum zweiten (und letzten) Mal ein Haus für sich selbst. Die Einbindung des Hauses in die Landschaft trägt sowohl regionalen Gegebenheiten Rechnung als auch dem in Dessau entwickelten Credo, die unmittelbare Gestalt des Gebäudes in einen scharfen Kontrast zur umgebenden Natur zu setzen. In einem Punkt gibt es eine noch direktere Verbindung zum Dessauer Meisterhaus von Gropius: Fast das gesamte Mobiliar stammt aus dem Dessauer Gebäude, von den Möbeln des Essplatzes über den Schreibtisch bis zur Einrichtung des Schlafzimmers.

Literaturhinweise
Walter Gropius, Bauhausbauten Dessau, München 1930, Reprint Mainz 1974
Annemarie Jaeggi, Adolf Meyer. Der zweite Mann.
Ein Architekt im Schatten von Walter Gropius, Berlin 1994
Paolo Berdini, Walter Gropius, Zürich 1984
Hartmut Probst und Christian Schädlich, Walter Gropius, 3 Bde., Berlin 1985–1987

Der Denkmalschutz und die Bauten für die Bauhausmeister

Wolfgang Paul

Bauten der klassischen Moderne, so auch den Meisterhäusern in Dessau, wurde der Status des Denkmalschutzes lange Zeit vorenthalten. Ihre Unterschutzstellung war nicht selbstverständlich. Sie wurde auch nur sehr zögerlich vorgenommen. Für die Verantwortlichen der Denkmalschutzbehörden, aber auch für Architekten und Ingenieure, die mit Erhaltungs- und Pflegemaßnahmen an solchen Gebäuden betraut wurden, kam es zu neuen, bisher unbekannten Aufgabenstellungen. Vorbilder für den fachlich richtigen Umgang mit solchen Bauwerken gab es bisher nicht. Wesentlich wurde vor allem die Behandlung jener in dieser Zeit erdachten neuartigen und auch oft nicht ausgereiften Konstruktionen. Diese Problematik trifft sowohl national als auch international zu[1].

Für die Stadt Dessau wurden die Bauten aus dieser Zeit zu einer besonderen Herausforderung. Hier befinden sich das Bauhausgebäude, welches für die Epoche prägend ist, die weiteren Bauhausbauten, wie auch die Meisterhäuser, sowie einzelne andere Bauten und Anlagen der Moderne. Besonders tragisch für diese Bauten der Stadt Dessau war es, dass sie nach der Verunglimpfung in den Jahren des Nationalsozialismus und der danach aufkeimenden Hoffnung ihrer Anerkennung nach Kriegsende nach kurzer Zeit wieder ins ideologische Abseits gestellt wurden. Denn in der sowjetischen Besatzungszone und der ihr folgenden DDR wurden jetzt die in der Sowjetunion geltenden Prinzipien des sozialistischen Realismus durchgesetzt. Durch diese Umstände sollten die weitreichenden Bemühungen des ehemaligen Bauhausstudierenden Hubert Hoffmann, den der nach Kriegsende wieder in sein Amt eingesetzte Oberbürgermeister Dr. Fritz Hesse als Stadtbaurat berief, und gleichzeitig mit den Vorbereitungsarbeiten zur Wiederbegründung des Bauhauses beauftragte, alsbald zum Scheitern verurteilt sein.

Hoffmann hatte vor, über eine praktisch orientierte Tätigkeit das Bauhaus neu zu beleben. Um sein Ziel zu erreichen, stellte er nicht nur Verbindungen zu interessierten ehemaligen Bauhäuslern her, sondern nahm zugleich Kontakt zu allen wichtigen Persönlichkeiten in seinem Umfeld auf. So gab es bei einem Treffen mit dem Landeskonservator von Sachsen-Anhalt Dr. Schubert Übereinstimmung darüber, dass das Bauhaus und die Meisterhäuser unter Schutz gestellt werden sollten[2]. Hoffmann erhoffte sich davon günstige Voraussetzungen für die denkmalgerechte Wiederherstellung dieser Bauten. Zu einem Beschluss darüber ist es wohl in jener Zeitphase nicht gekommen, in der eine völlig konträre künstlerische Orientierung verordnet wurde. In der DDR sollte es erst in den 60er Jahren wieder möglich werden, das Bauhaus wenigstens ansatzweise in neuer, das heißt ursprünglicher Sicht zu sehen.

Bauhaus Dessau
Ansicht von Südwest

Auch in Dessau kam es dazu. So ist im Dessauer Kalender, der sich im Laufe der Zeit zu einem wissenschaftlichen Jahrbuch der Stadt entwickeln sollte, 1963 ein Artikel über die baugeschichtliche Entwicklung der Stadt zu finden, der einen längeren Abschnitt über das Bauhaus enthält.

Karlheinz Schlesier, der damalige Leiter der Dessauer Stadtplanung, schreibt u. a.: "Aus der Zeit des Wirkens des Bauhauses in Dessau sind weiter die Meisterhäuser in der Ebertallee erhalten. Von ihrer einstigen Gestaltung ist kaum mehr ein ober- flächiger Eindruck vorhanden. Auch hier muss eine Wiederherstellung des früheren Bildes vorgenommen werden... Es gibt keine Stadt, in der sich in solch umfang- reicher Weise das Bauhaus in seiner Blütezeit baulich dokumentieren konnte. Hieraus ergibt sich die Verpflichtung, wesentlich mehr als bisher auf die Pflege und Unterhaltung dieser Gebäude und Baukomplexe zu achten, denn das besondere Erbe der Stadt Dessau liegt, nachdem fast alle Baudenkmale früherer Epochen dem Kriege zum Opfer fielen, in der baulichen Hinterlassenschaft des Bauhauses" [3/4]. Eine Unter- schutzstellung der Bauhausbauten – und damit auch der Meisterhäuser – sollte jedoch vorerst nicht gelingen. Bemerkenswert ist, dass der verantwortliche Redak- teur des Kalenders, Hans Harksen, Mitglied des früheren Kreises der Bauhausfreunde war.

Die Meisterhäuser verblieben in dem Zustand, der sich in der Zeit ab 1933 und der sich anschließenden Nachkriegszeit herausgebildet hatte. Er sollte sich sogar noch verschlimmern. Es ist nur festzuhalten, dass das im Kriege zerstörte Einzelhaus des Direktors bis auf den erhalten gebliebenen Keller abgetragen wurde. Auf diesem Keller wurde ein Einfamilienhaus in traditionellen Formen errichtet. Das folgende Doppelhaus, in dem im Erstbezug die Bauhausmeister Laszlo Moholy-Nagy und Lyonel Feininger wohnten, war zur linken Hälfte zerstört worden, so dass nur das Feiningerhaus erhalten blieb. Die Mauerreste des Hauses Moholy-Nagy wurden bis auf einen geringen Rest abgetragen und der Keller verfüllt.

Erst Mitte der 70er Jahre wurde im Zusammenhang mit der Erarbeitung eines neuen Denkmalpflegegesetzes der DDR die Zuerkennung eines Schutzstatus für die Dessauer Bauhausbauten wieder diskutiert. In der 1974 überarbeiteten Kreisliste der Denkmale waren so neben den verschiedensten Bauten und Anlagen erstmalig auch alle wesentlichen Bauhausbauten und damit auch die Meisterhäuser zu finden. In diesem Zusammenhang forderte die Stadt Dessau vom Rat des Bezirkes die Aufnahme von Bauhaus und Meisterhäuser in die Zentrale Denkmalliste, die bald erscheinen sollte, zu beantragen. Um dieses zu verstehen, muss man wissen, dass in der DDR die Denkmale nach ihrer Wertigkeit in drei Kategorien – in Kreis- und Bezirkslisten oder die Zentrale Liste – eingestuft wurden.

Das lange erwartete neue Denkmalgesetz wurde 1975 beschlossen. Es löste eine Verordnung aus dem Jahre 1963 ab [5]. Die Zentrale Denkmalliste, die dem neuen

Gesetz beigefügt sein sollte, wurde gar erst 1979 verkündet. Hierin war das Bauhaus als Denkmal von höchster nationaler und internationaler Bedeutung zu finden, die Meisterhäuser jedoch nicht[6]. Auch in der Bezirksliste, die 1977 erschien, waren eigenartigerweise die Meisterhäuser nicht enthalten.

Völlig neue Möglichkeiten für die Denkmalpflege ergaben sich mit den in der ehemaligen DDR erfolgten politischen Veränderungen. Auf der Grundlage des Denkmalgesetzes des neuerstandenen Landes Sachsen-Anhalt wurde nun eine einheitliche Denkmalliste geschaffen. Die Unterteilung der Denkmale in verschiedene Kategorien kam jetzt sinnvoller Weise zum Wegfall. Alle Denkmale, also auch die Bauten der Moderne, wurden von nun an gleich behandelt.

Diese heutige Denkmalliste des Landes Sachsen-Anhalt, als stetig fortzuführende Liste angelegt, ist eine der Voraussetzungen für die wissenschaftliche Betreuung der vielfältigen Bauten der Moderne in Dessau[7]. Sie bildet zugleich die Grundlage für die denkmalgerechte Sanierung dieser Bauwerke. Die von Walter Gropius errichteten Meisterhäuser sind dafür beredtes Beispiel. Bereits 1994 wurde die Sanierung des ehemaligen Wohn- und Atelierhauses von Lyonel Feininger abgeschlossen. Seither wird es als Kurt-Weill-Zentrum genutzt und ist so der interessierten Öffentlichkeit stets für Besichtigungs- und Studienzwecke zugänglich.

Anmerkungen:

1 *Das Bauhaus in Dessau wurde 1976 denkmalgerecht saniert. Die Sanierung der Schuhleistenfabrik in Alfeld an der Leine von Walter Gropius wurde 1979 durchgeführt. 1980/81 erfolgten die Arbeiten an der vom deutschen Werkbund erbauten Weißenhofsiedlung in Stuttgart. Um größere internationale Aufmerksamkeit auf die fachgerechte denkmalpflegerische Sanierung der Bauten der Moderne zu lenken, gründete sich 1989 in Eindhoven die, "international workingparty for documentation and conservation of buildings, sites and neighbourhoods of modern movement".*

2 *Hoffmann, Hubert*
 als der krieg zu ende war, 1947

3 *Schlesier, Karlheinz*
 750 Baugeschichte der Stadt Dessau
 In: Dessauer Kalender 1963, S. 40

4 *Denkmalliste der Stadt Dessau, Beschlussvorlage für den Rat der Stadt Dessau, beschlossen am 10. 4. 1974. Neben dem Bauhaus und den Meisterhäusern waren hierin enthalten das ehemalige Arbeitsamt von Walter Gropius, das Konsumgebäude der Bauhaussiedlung Törten, die Villa Fieger, die von C. Fieger erbaute Gaststätte Kornhaus. Die Bauhaussiedlung Dessau-Törten wurde als erhaltenswert eingestuft.*

5 *Gesetz zur Erhaltung der Denkmale der Deutschen Demokratischen Republik*
 – Denkmalpflegegesetz –, veröffentlicht im Gesetzblatt der DDR vom 27.6.1975

6 *Zentrale Denkmalliste der DDR, veröffentlicht im Sonderdruck des Gesetzblattes der DDR 10 / 79*

7 *Denkmalverzeichnis für den Stadtkreis Dessau*
 Amtsblatt der Stadt Dessau Nr. 5 vom 24. April 1995

*Meisterhaus Feininger
von Norden, 1994*

Zur Vorbereitung der Sanierung des Feiningerhauses

Wolfgang Paul

Mit dem Abschluss der Sanierung des Bauhausgebäudes 1976 verband sich die Hoffnung, dass auch die Meisterhaussiedlung baldigst denkmalgerecht wiederhergestellt werden könnte.

Untersuchungen und daraus abgeleitete konzeptionelle Vorstellungen nährten 1981 diese Gedanken. Die Gebäude sollten dabei ihre ursprüngliche äußere Fassung zurückerhalten. Die Siedlung sollte als Ganzes wieder erlebbar werden. Man dachte daran, in der Mehrzahl der Häuser Wohnungen zu belassen, auch wenn dadurch die innere Struktur der Bauwerke nicht immer auf das Original zurückgehen konnte. Aber auch eine teilweise öffentliche Nutzung der Gebäude war in Varianten erwogen worden[1]. Erst die neuen politischen Gegebenheiten nach 1989 ergaben Möglich-

Doppelhaus
von Lyonel Feininger
und Moholy Nagy
nach den Zerstörungen
vom 7.3.1945

keiten, an den Meisterhäusern tätig zu werden. Bereits 1991 wurde für die Meisterhaussiedlung die Herangehensweise abgesteckt:

"Es ist das Ziel, die Gesamtanlage, also Gebäude und Außenanlagen, wieder in ihren ursprünglichen Zustand zu versetzen. Dabei ist in abgestimmten Etappen, entsprechend den Möglichkeiten der Freilenkung der Gebäude, vorzugehen. Begonnen werden sollte mit der Restauration der noch als Ambulatorium verwendeten Doppelhaushälfte, da diese Nutzung wahrscheinlich bald aufgegeben wird... Die Wiederherstellung der Meisterhäuser würde eine empfindliche Lücke im Denkmalbestand der Stadt Dessau beseitigen und das künstlerische Anliegen des Bauhauses dokumentieren"[2].

Ein Jahr später waren die Vorbereitungen soweit gediehen, dass mit dem in Halle tätigen Architekturbüro Brambach und Ebert ein Vertrag über die Sanierung des Feiningerhauses abgeschlossen wurde. In diesem Vertrag wurden auf Grund der Bedeutung des Gebäudes spezielle Leistungen gefordert. Dabei handelte es sich um bauarchäologische Forschungen, eine detaillierte Schadensermittlung sowie eine besondere grafische Aufbereitung und Darstellung der Planungsunterlagen. Mit der Erstellung einer fotografischen Bestandsdokumentation wurden diese Leistungen noch erweitert[3].

Eine vom Amt für Denkmalpflege der Stadt Dessau für das Feiningerhaus erarbeitete denkmalpflegerische Zielstellung gehörte zu den Grundlagen der nun beginnenden Planung. Im August 1992 legte das Büro Brambach und Ebert die auf der Grundlage des Vertrages und der denkmalpflegerischen Zielstellung erarbeiteten Unterlagen dem Landesamt für Denkmalpflege vor. Landesamt und städtisches Amt stimmten diesen Planungen aus denkmalpflegerischer Sicht zu, sodass die Herstellung der Ausführungsunterlagen und Werkzeichnungen beginnen konnte [5].

Am 4.12.1994 wurde das sanierte Feiningerhaus als Kurt-Weill-Zentrum eröffnet. Neben dem Bund, dem Land Sachsen-Anhalt, der Stadt Dessau sowie der Bayerischen Vereinsbank und der Deutschen Stiftung Denkmalschutz stellte auch die Stadt Bonn finanzielle Mittel zur Verfügung. Über die Zuwendungen seitens der Stadt Bonn gibt es Interessantes zu berichten.

Bereits im März 1991 informiert Dr. Wolfgang Hesse, ehemaliger Oberstadtdirektor von Bonn, die Stadt Dessau darüber, dass es ihm gelungen ist, die Stadt Bonn für eine Unterstützung der Meisterhaussanierung zu gewinnen. Hesse dachte dabei an die Wiederherstellung bzw. die Sanierung der Fenster des Feiningerhauses, insbesondere an das aus Stahl zu fertigende Atelierfenster [6]. Mit Interesse verfolgte nun die Öffentlichkeit in Bonn die Vorbereitungen zur Sanierung des Gebäudes in Dessau [7].

Durch diese Initiative von Wolfgang Hesse wurde die Wiederherstellung eines jener Gebäude unterstützt, deren erste Bewohner, die Meister des Bauhauses, einst von seinem Vater, dem damaligen Oberbürgermeister, Mitte der 20er Jahre für die Stadt Dessau gewonnen wurden. Späte, aber besondere Freude brachte die denkmalgerechte Sanierung des Feiningerhauses für Hubert Hoffmann, der sich bereits nach Kriegsende als Stadtbaurat um die Unterschutzstellung der Meisterhaussiedlung bemüht hatte [8]. Mit dem Feiningerhaus war nun ein Anfang gemacht.

1 *Bauakademie der DDR, Muster- und Experimentalprojekt,*
  in Zusammenarbeit mit dem Büro für Städtebau Halle
  Die Bearbeitung erfolgte durch Jens Ebert und Otto Zawade
2 *Jürgen Neubert, Oberbürgermeister der Stadt Dessau am 7. 1. 1991*
3 *Architektenvertrag mit dem Büro Brambach und Ebert vom 8. 11. 1992*
4 *Stadtverwaltung Dessau, Amt für Denkmalpflege: Ehemaliges Meisterhaus Ebertallee 63*
  – Denkmalpflegerische Zielstellung, April 1992
5 *Landesamt für Denkmalpflege, Protokoll der Beratung vom 20. 11. 1992*
6 *Brief von Wolfgang Hesse an die Stadtverwaltung Dessau, Amt für Denkmalpflege,*
  vom 27. 3. 1991
7 *Bonner Rundschau*
  Rhein-Sieg-Anzeiger
8 *Brief vom 28. 12. 1994 von Hubert Hoffmann an Wolfgang Paul*

Bauforschung, Planung und Ausführung der Sanierung

Hans-Otto Brambach

Von der in Fachkreisen hochgelobten Gropius'schen Architektur war Anfang der 90er Jahre des 20. Jahrhunderts nur noch ein klägliches Abbild überkommen. Durch ideologisch motivierte Entstellungen in der NS-Zeit, Bombenschäden, Umbauten und Verfall war der bedeutende baukünstlerische Rang der Meisterhäuser kaum noch zu erahnen. Dabei hatte Gropius mit spannungsvoll komponierten kubischen Baukörpern eine Architektur geschaffen, die sich deutlich von der landläufigen symmetrischen Gestaltung von Doppelhäusern absetzte.

Die glatten hellen Wände waren nur durch scharf aus der Fläche geschnittene Fenster- und Türöffnungen und die horizontalen Scheiben der Balkone gegliedert. Filigrane Fensterraster und Geländerstäbe setzen zusätzliche gestalterische Akzente. Die Bedeutung der sehr fein ausgewogenen Proportionen für diese Architektur wird erst durch die vorgefundenen Störungen überdeutlich. Wie bei jeder denkmalpflegerischen Aufgabe stand am Anfang die intensive, umfassende Untersuchung des Bestandes als Grundlage für eine exemplarische Sanierung der erhalten gebliebenen Doppelhaushälfte der Familie Feininger.

Über die Auswertung aller verfügbaren Archiv- und Literaturangaben, Fotografien sowie Interviews von Zeitzeugen stellt das Baudenkmal selbst die wichtigste Informationsquelle dar. Da keine Originalbaupläne aus dem Atelier Gropius zur Verfügung standen, musste das Gebäude komplett mit hohem Detaillierungsgrad aufgemessen und danach Bestandspläne angefertigt werden. Diese bildeten die Grundlage für alle weiteren Untersuchungen und Erfassungen. Durch Eintragung aller im Laufe der Zeit erlittenen Veränderungen und Schäden sowie Kennzeichnung der originalen Bausubstanz entstand schrittweise ein sehr genaues Bild der erforderlichen Maßnahmen. Zusätzlich wurde mit einer raumweise angelegten Beschreibung – dem Raumbuch – ein Instrumentarium geschaffen, das für alle Fachspezialisten als einheitliches Ordnungssystem zugrunde gelegt wurde. So wurden beispielsweise durch die

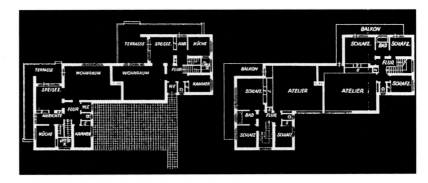

*Bestandserfassung
Schadenskartierung
– Grundriss Erdgeschoss
– Grundriss 1. Obergeschoss
– Querschnitt durch Atelier
  und Wohnzimmer
– Ansicht von Norden*

Architekten alle Wände, Decken, Fußböden, Türen, Fenster und Einbaumöbel mit allen Details, Oberflächenbehandlungen, Belägen, Schäden und Störungen erfasst und beschrieben. Durch eine Gruppe von teilweise bis zu sechs Restauratoren in monatelanger Kleinarbeit wurden die verschiedenen Farbschichten erkundet[1] und nach dem Raumbuchschema dokumentiert.

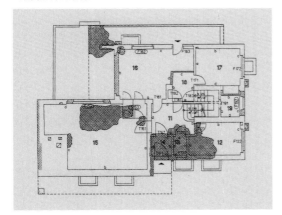

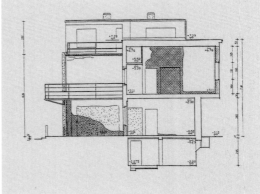

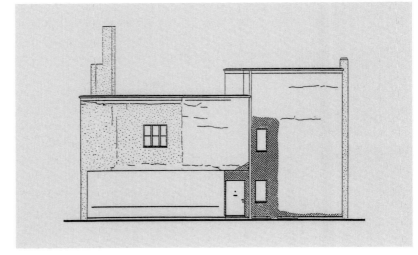

linke Seite:

*Historische Aufnahme
des Doppelhauses
Moholy-Nagy/Feininger
Foto: Lucia Moholy-Nagy*

*Zustand der verbliebenen
Haushälfte Feininger 1992
Gartenansicht von Süd-West*

*Zustand der verbliebenen
Haushälfte Feininger 1992
Nord-(Straßen)seite*

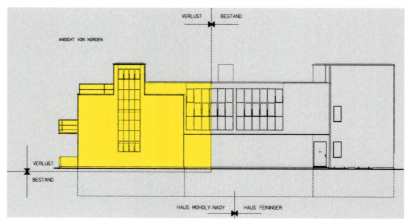

*Darstellung des Verlustes
Haus Moholy-Nagy*

Der gesamte Außenbau, alle Innenräume und Details sind in einer umfangreichen Fotodokumentation festgehalten. Als Ergebnis der Prüfung durch den Statiker konnten überwiegend gutes Tragverhalten aller Decken, Wände und Balkonplatten und erstaunlich wenig statisch relevante Schäden nachgewiesen werden.

Als überraschend günstig haben sich im Rahmen der bauphysikalischen Untersuchungen die Wärmedämmwerte der Gebäudehülle erwiesen. So erfüllten die Jurko-Schlackebetonsteine, die nach dem 1. Weltkrieg als Ersatz für die teuren Ziegelsteine entwickelt wurden, die aktuelle Wärmeschutzordnung.

Nach dem Abgleich mit den Literatur- und Archivmaterialien ergaben die Voruntersuchungen ein hohes Maß an Originalsubstanz. Außer dem Verlust der Haushälfte Moholy-Nagy wurden folgende wesentliche Veränderungen und Schäden festgestellt:

*Freilegung der bauzeitlichen
Farbschichten an Wand
und Treppengeländer*

- Ausmauerung von Treppenhaus- und Atelierfenstern und der damit verbundene Einbau von kleinen Holzfenstern,
- Anbau von zusätzlichen Schornsteinen für individuelle Kohleheizung nach dem Krieg,
- Veränderungen in der Fensterordnung und -größe im Erdgeschoss im Wohn- und Speisezimmer, sowie im Obergeschoss ein zusätzliches Fenster in der Südwand des Ateliers,
- Veränderte Putzstruktur: Rauhputz mit glatten Fensterumrahmungen gegenüber dem ursprünglichen Glattputz,
- Vollkommen andere Farbwirkung,
- Rissbildungen an Außenwänden und Balkonplatten sowie Feuchteschäden.

Im Inneren waren die nutzungsbedingten Änderungen der Raumstruktur relativ gering, führten jedoch zu schmerzlichen Verlusten an der Ausstattung. Die veränderte Lichtführung, durch die andersartige Fensteranordnung und die Farbgebung hervorgerufen, ergab jedoch eine erhebliche Störung der Raumwirkung. Nahezu alle Innentüren, Holzeinfachfenster mit umfangreich erhaltenen Beschlägen konnten als bauzeitlicher Bestand festgestellt werden. Aufbauend auf den Untersuchungsergebnissen – schließlich lag ein fünfbändiges Werk[2] vor – wurde als Ziel

Prüfung der ermittelten
Fensterprofile
an einem Musterfenster
in der Werkstatt
mit anschließenden
Probebelastungen

Die Sonnenterrasse
der Familie Feininger
– vor der Sanierung

der Sanierung formuliert: Beseitigung der Schäden und Wiederherstellung des bauzeitlichen Erscheinungsbildes und der historischen Raumfolgen in der ursprünglichen Materialwahl und Farbgebung. Für die Rekonstruktion verloren gegangener Holzfenster und raumbildender Einbauschränke waren glücklicherweise Muster aus den anderen Meisterhäusern heranzuziehen.

Unvergleichlich schwieriger stellte sich die Wiedergewinnung der großflächigen Stahlglas-Fassaden für Atelier- und Treppenhaus dar. Selbst später aus den USA aufgetauchte Zeichnungen aus dem Nachlass Gropius gaben nur die bereits bekannte grundsätzliche Gliederung wieder. Die Abmessungen der Fensterprofile – ursprünglich sicherlich marktgängige so genannte "Fenstereisen" – mussten in aufwendigen Vergleichsrechnungen aus Fotos rekapituliert werden. Die so ermittelten äußerst filigranen Profile ließen sich nach den heutigen Vorschriften durch statische Berechnungen nicht nachweisen. Erst Versuchsbelastungen an einem Musterelement führten zur Bestätigung der Abmessungen und bildeten die Grundlage für die Konstruktionsunterlagen, nach denen die Fenster dann gefertigt werden konnten. Um sicher zu gehen, dass die entstehungszeitlichen Probleme mit aufgerosteten, verzogenen und nichtschließenden Stahlfenstern – die schon den Gegnern der Gropius'schen Architektur willkommene Argumente lieferten – vermieden werden, wurde rostfreier Stahl eingesetzt. Das gelegentlich anfallende Kondenswasser wird, wie das früher allgemein üblich war, in Verdunstungsrinnen aufgefangen.

Gropius setzte teures "Kristallspiegelglas"[3] ein, das, ohne die beim gewöhnlichen Fensterglas üblichen Verzerrungen, zu einem bestimmenden Merkmal seiner auf Transparenz und Entmaterialisierung bedachten Architektur wurde. Die heute verwendeten Floatgläser entsprechen diesem Erscheinungsbild. In hohem Umfang konnte die originale Architekturoberfläche am Außenbau, der bauzeitliche Kalk-Zement-Putz, gerettet werden. Nach Entfernung eines später aufgetragenen grobkörnigen Deckenputzes kam eine weitgehend ungestörte glatte Fläche zum Vorschein. Feine Putzrisse, die nur mit geübtem Blick wahrnehmbar sind und als konstruktiv unbedenklich einzustufen waren, wurden als hinnehmbar akzeptiert. Der Erhaltung von Originalsubstanz und Vermeidung von erheblichen Eingriffen in die Baukonstruktion wurde hier Vorrang vor der absoluten Makellosigkeit der Fläche eingeräumt. Zur Verhinderung weiterer Schäden, z. B. durch eindringende Feuchtigkeit, wurden jedoch denkmalverträglich zeitgemäße Baustoffe und -verfahren einge-

*Die Sonnenterrasse
der Familie Feininger
– nach der Sanierung*

setzt. So mussten alle Dach- und Balkonflächen unter Beibehaltung der historischen Proportionen und Gefällesituation neu abgedichtet werden. Schließlich kam der Ausbildung im Sinne Gropius' besondere Bedeutung zu. Er war schon 1930 überzeugt: *"... daß der endgültige Sieg des flachen daches nur eine frage der zeit ist. die anwendung begehbarer, mit pflanzen bestandener dachgärten ist ein wirksames mittel, die natur in die steinwüsten der großstadt einzubeziehen. die städte der zukunft werden mit ihren gärten auf terrassen und dächern – vom luftweg aus gesehen – den eindruck eines großen gartens geben."* [4]

Auch wenn Walter Gropius niemals müde wurde, darauf hinzuweisen, dass seine Arbeit nie auf einen *"Stil"* abzielte, ist das Neue Bauen besonders in seiner Anfangsphase durch bewusste Distanzierung vom klassischen Formenkanon und der Herausbildung bestimmter gestalterischer Elemente zu Markenzeichen und Stilmitteln, wie großflächige Verglasung, Fensterbänder und Flachdächer gekennzeichnet. So ist nur mit der detailgetreuen Wiedergewinnung des ursprünglichen Erscheinungsbildes die gestalterische Qualität dieser Architektur zu erfahren.

Als besondere Überraschung erwies sich der virtuose Umgang mit der Farbe. Während am Außenbau von der in der Literatur belegten strengen Weiß-Grau-Schwarz-Stufung der Gropius'schen Architektur ausgehend Farbentwürfe nur als Übungen der Wandmalereiklasse angenommen wurden, konnten kräftige Farbtöne bei den Befunduntersuchungen nachgewiesen werden. Danach ist ein Farbentwurf von Alfred Arndt zumindest in wesentlichen Teilen realisiert worden und bildete entsprechend dem Befund die Ausführungsgrundlage der Neufassung.

Da Feininger das Haus während der gesamten Bauhauszeit bewohnte, sind die ersten beiden freigelegten Farbfassungen im Inneren mit hoher Sicherheit als Grundlage für die originale Raumgestaltung anzunehmen. Über die Autorenschaft der ursprünglichen Farbgebung lassen sich keine gesicherten Angaben machen. Das *"Farbfeuerwerk"* weist auf Experimente der Malereiwerkstatt des Bauhauses hin. Die Kultur der Abstimmung ungewöhnlicher Farbkombinationen legt den Einfluss einer so bedeutenden Künstlerpersönlichkeit wie Feininger nahe.

Die über 40 Farbtöne sind raumbezogen eingesetzt und lassen ein durchgängiges Gestaltungsprinzip vermissen. Zusätzliche Steigerungen und Differenzierungen werden durch unterschiedliche Oberflächenbehandlungen erzielt: von samtartig über seidenmatt, seidenglänzend bis glänzend. Dabei stehen deckend gestrichene Flächen gegen mehrfach lasierte Bereiche. Nicht in jedem Fall konnte bei der Sanierung auf die sehr aufwendigen Anstrichtechniken eingegangen werden, um die noch vorhandenen Originalfarbschichten zu schonen. An wenigen Ausbauelementen, Türen und Schranktüren gelang jedoch die vollständige Freilegung und Restaurierung der

Die historische Gartenansicht
des Doppelhauses

Nach der Sanierung:
In der Gegenüberstellung
wird der Verlust der
Haushälfte Moholy-Nagy
besonders schmerzlich
deutlich

Der sanierte Teil
des Hauses Feininger
von der Straßenseite

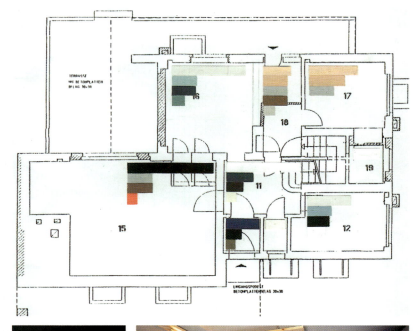

Das Treppenhaus vor und nach der Sanierung

Der Wohnraum Feininger, 1994

ursprünglichen Farbfläche. In der Herangehensweise wie ein monochromes Tafelbild behandelt[5], legen diese Türen Zeugnis ab von der hohen Qualität der Arbeiten der Malklasse des Bauhauses.

Letztendlich konnte eine in sich stimmige, dem Original weitgehend entsprechende Farbkomposition wiedergewonnen werden. Dem fachkundigen Betrachter werden die an verschiedenen repräsentativen Stellen in zurückhaltendem Maße belassenen Farbfenster der Befunde Vergleichsmöglichkeiten bieten. Auf der Grundlage noch vorhandener Linoleumreste war die Einhaltung der grundsätzlichen Farbstimmung bei den Böden möglich, wenn auch nuancierte Abweichungen infolge der heutigen Liefermöglichkeiten zu akzeptieren waren. Die originalen Fliesen in Küche und Bad mussten lediglich gereinigt und partiell ausgebessert werden.

Wichtig für die ursprüngliche Raumwirkung war die Komplettierung mit der ursprünglichen, als Vorbild gerühmten, verloren gegangenen technischen Ausstattung.

Die großzügige
Atelierverglasung bestimmt
den Raumeindruck
– saniertes Atelier Feininger
– historisches Foto
des Ateliers Moholy-Nagy

So konnten aus der Entstehungszeit stammende Gegenstände aus anderen Bauten zusammengetragen werden, wie beispielsweise Heizkörper aus Bernburg, Waschbecken von einem ebenfalls 1926 entstandenen Bau aus München und Badarmaturen aus Halle.

Dem von Gropius angestrebten ganzheitlichen Gestaltungsanspruch für das neue Wohnen sollte mit Leuchten und Möbeln nach Entwürfen von Bauhäuslern dokumentiert werden. Feininger hatte sich allerdings, wie auch sein Künstlerkollege Kandinsky, dem Diktat der Moderne entzogen und eher bürgerlich-gemütlich eingerichtet.

Hans-Otto Brambach
1950 in Artern/ Unstrut
geboren.
1969 Abitur
in Roßleben/ Unstrut
Facharbeiterabschluss
als Maurer.
1971–1975
Bauingenieurstudium
Ingenieurhochschule Wismar.
1978–1983 Architektur-
studium an der Hochschule
für industrielle
Formgestaltung Halle Burg
Giebichenstein
1975–1990
leitender Architekt in
verschiedenen Planungsbüros
in Halle
und München
seit 1990 freischaffend
in München
seit 1991 Büro mit Dipl.-Ing.
Architekt Jürgen Ebert
in Halle
seit 1994 Mitglied des BDA
Landesverband Sachsen-
Anhalt
seit 1991 in der Denkmal-
pflege vorrangig bei Bauten
der 20er und frühen 30er
Jahre des 20. Jahrhunderts
tätig

1 Denkmalpflege Berlin GmbH:
Restauratorische Voruntersuchungen, Meisterhaus, Ebert-Allee 63 in Dessau
unveröffentl. Dokumentation, 1992
2 Brambach, Hans-Otto u.a.:
Meisterhaus Ebert-Allee 63 in Dessau, Bestandsaufnahme,
unveröffentl. Dokumentation, 1992
3 Gropius, Walter:
Bauhausbauten Dessau, Mainz und Berlin, 1974
Nachdruck der Ausgabe von 1930
4 Ebenda
5 Schöne, Peter:
Dokumentation zur Restaurierung von Türblättern

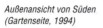

*Außenansicht von Süden
(Gartenseite, 1994)*

Die Wiederherstellung der Freiflächen am Feiningerhaus

Wolfgang Paul

*Die Meisterhäuser
in Dessau
Historische Aufnahme*

"Ich glaube wir brauchen jetzt nicht mehr zu suchen", soll Walter Gropius beim Anblick jenes westlich des Georgengartens gelegenen Kiefernwäldchens geäußert haben. Er war während seines Spazierganges mit Fritz Hesse sofort von der Richtigkeit der Standortwahl für die Wohnhäuser der Meister überzeugt.[1]

Walter Gropius nutzte den bald folgenden Bau der Meisterhäuser zur bewussten städtebaulichen Gestaltung eines Straßenraumes. Geschickt fügte er seine Siedlung an eine fünf Straßen umfassende Kreuzung an. Eine Gartenmauer mit anschließender Garage führt zum Einzelhaus des Direktors, welches gleich den anschließenden Doppelhäusern der übrigen Meister weit von der Straße zurückgesetzt ist und damit den Raum öffnet. Die nun straff angeordneten Häuser fügen sich locker in den Kiefernwald, in welchem die Plastizität der Bauwerke vorteilhaft zur Wirkung kommt. Eine Kohlezeichnung von Carl Fieger, dem langjährigen Mitstreiter von Walter Gropius, belegt überzeugend die Vorstellungen des Entwerfers, der dazu selbst äußert:

"Das Einweben von Baum- und Pflanzenwuchs zwischen die Baukörper, der den Blick öffnet und schließt, sichert wohltuenden Kontrast, lockert und verlebendigt das Schema, vermittelt zwischen Bauwerk und Mensch und schafft Spannungen und Maßstab. Denn Architektur erschöpft sich nicht in Zweckerfüllung, es sei denn, dass wir unsere physischen Bedürfnisse nach harmonischem Raum, nach Wohlklang und Maß der Glieder, die den Raum erst lebendig wahrnehmbar machen, als Zwecke höherer Ordnung betrachten."[2] Bemerkenswerte Worte, denn nur selten sind in jener

Phase des Neuen Bauens von Gropius solche bekennenden Worte zur landschafts-
architektonischen Gestaltung zu finden.

In den Jahrzehnten ihres Bestehens, in denen sich die einzelnen Häuser zahlreiche
Veränderungen und Verunstaltungen gefallen lassen mussten, oder aber wie das
Haus des Direktors und die daran folgende Doppelhaushälfte im Kriege zerstört
wurden, blieb das die Siedlung zusammenfassende Kiefernwäldchen fast unver-
ändert erhalten und ließ erahnen, welche ästhetische Wirkung einmal von der
Gesamtanlage ausgegangen sein muss.

Die den Doppelhäusern unmittelbar zugeordnete gleichartige Gestaltung der Freiflächen hatte, durch die Nutzung bedingt, jedoch verschiedene Änderungen hin-
nehmen müssen. Die Wiederherstellung ihres Ursprungszustandes wurde zu einem
gewichtigen denkmalpflegerischen Anliegen. Das Umfeld des Feiningerhauses gab
dazu den Auftakt. Mit großer Akribie wurde dabei vorgegangen.

Eine sorgfältige Bestandsaufnahme sowohl der vorhandenen baulichen Anlagen als
auch der Bäume und sonstigen Gehölze bildete die Grundlage für alle weiteren
Überlegungen. So wurde erkundet, welcher Platten- bzw. Sandbelag der Gehwege
noch aus der Zeit der Erbauung stammen könnte. Eine gleiche Untersuchung wurde
an der Terrasse vorgenommen. Hier hatten sich zumindest noch einige Beton-
gehwegplatten erhalten. In der Mehrzahl, so stellte sich heraus, waren an den Außenanlagen jedoch Abänderungen zu finden. Auch die vorgefundenen Pflanzungen im
Eingangsbereich und an der Terrasse waren Zutaten jüngeren Datums. Die Garage,
die sich bei Beginn der Sanierungsarbeiten auf dem Grundstück befand, zählte ebenfalls nicht zu seiner ursprünglichen Ausstattung. Nur das Haus des Direktors besaß
eine solche. Jägerzaun, Holzlattenzäune und Ligusterhecke bildeten Einfriedungen,
die mit dem Original ebenfalls nicht übereinstimmten. In Teilen verändert hatte sich
gegenüber der Bauzeit der Meisterhäuser auch der Baum- und Gehölzbestand. Aber
immer noch bestimmte der lockere Kiefernbestand das Bild, wenn auch 3–5 m hoher
Aufwuchs von Ahorn, Eiben und Hainbuchen störend wirkten.[3]

Auf der Grundlage eines aus den gewonnenen Erkenntnissen erstellten Freiflächen-
planes begannen die Arbeiten zur denkmalpflegerischen Sanierung des Umfeldes an
dem ehemals von Lyonel Feininger bewohnten Atelierhaus.[4]
Die Beseitigung des Gehölzaufwuchses machte dabei den Anfang. Gleichzeitig wurde
die gesamte Fläche wieder als einheitliche Ebene hergerichtet. Es folgte die Verlegung
der Gehwegplatten in der ursprünglichen Wegeführung. Rechts vom Zugangsweg
zur Haustür erhielt in unmittelbarer Nähe des Bauwerkes die nicht mehr vorhandene
gewesene Fahrradgarage wieder ihren angestammten Platz. Sie wurde nach den
Bildern der Originalzeichnung rekonstruiert.[5] Bemerkenswert ist, dass dieses Bauwerk von etwa 3,70 m Länge nur eine Höhe von 1,20 m aufweist und damit wirklich
nur zum Einschieben von Fahrrädern geeignet ist. Mit dieser geringen Höhe fügt sich

das Bauwerk geschickt in die Gesamtanlage ein, stellt sogar eine Bereicherung dar. Alle Einfriedungen wurden in Anlehnung an ihre ursprüngliche Form wiederhergestellt.

Mit der Herstellung der Freiflächen am Feiningerhaus präsentierte sich ein erstes Gebäude der Meisterhaussiedlung wieder mit seinem ehemals von Gropius erdachten Umfeld, gelegen in jenem Wäldchen, das Nina Kandinsky in ihren Erinnerungen wieder aufleben ließ[6] und welches Feininger einst seiner Frau Julia begeistert schilderte:

"Die Bäume sind eine Wohltat, selbst in der grellsten Sonne schaut das Auge ungeblendet ins Grüne; und die Kronen stehen so schön in den Himmel. Hier ist gerade Raum, und man hat das Gefühl, sich im Freien zu befinden. Ich hätte nicht geglaubt, dass unser Balkon in Weimar so leicht zu verschmerzen sein würde "im Gegenteil ist es hier tausendmal schöner."[7]

Die Freiflächen vor der Sanierung des Gebäudes

Plan zur Wiederherstellung der Freiflächen: Waltraut Vogel

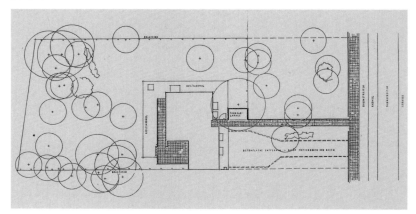

Anmerkungen

1   Hesse, Fritz
    Von der Residenz zur Bauhausstadt, S. 213
    Im Selbstverlag, Nov. 1963
2   Gropius, Walter
    Bauhausbauten Dessau, S. 88
    Reihe Neue Bauhausbücher
    Florian Kupferberg Verlag, Mainz 1974
3   Neumann, Klaus-D.
    Landschaftsarchitekt München
    Aufnahme der Außenanlagen Meisterhaus Ebertallee 63, Jan. 1992

*Das Feiningerhaus
nach seiner Sanierung
und Wiederherstellung
der Freiflächen*

4 Stadt Dessau, Baudezernat
   Amt für Denkmalpflege
   Meisterhaus Ebertallee 63 in Dessau
   Freiflächenplan, 4/94, Entwurfsverfasser Margot Vogel
5 The Walter Gropius Archive
   The Busch-Reisinger Museum
   Harvard University
   An Illustrated Catalogue, S. 123
   New York, London, and Cambridge, Mass.-1990
6 Kandinsky, Nina
   Kandinsky und ich, S. 118
   Kindler Verlag München, 1976
7 Feininger, Lyonel
   Aus Briefen an seine Frau
   In: Leben am Bauhaus, S. 102
   Bayerische Vereinsbank, München 1993

Zum künftigen Umgang mit der Siedlung der Bauhausmeister

Wolfgang Paul

Die Bauarbeiten am Feiningerhaus begannen Anfang der 90er Jahre. Bereits damals stimulierten sie die baldige Aufnahme der denkmalgerechten Sanierungsarbeiten an den verbliebenen Doppelhäusern. Die Frage des künftigen Umgangs mit den noch vorhandenen Resten bzw. fehlenden Teilen der Meisterhaussiedlung wurde von breitem Interesse.

Die ersten außergewöhnlichen Anregungen für mögliche Gestaltungsvarianten finden sich schon vor Beginn der Vorbereitungen zur Sanierung des Feiningerhauses. Eine verstärkte Suche nach Vorschlägen und Lösungsansätzen begann dann um 1994. Einige Beispiele sollen hier vorgestellt werden und auf die Vielschichtigkeit des denkmalpflegerischen und baukünstlerischen Problems hinweisen.

Allgemein wurde bis dahin die Auffassung vertreten, dass die fehlende Doppelhaushälfte – das Wohn- und Atelierhaus von Laszlo Moholy-Nagy – in ihrer Ursprünglichkeit, d.h. in ihrer ehemaligen äußeren Gestalt und in ihrer früheren inneren Struktur, ergänzt werden sollte. Die nun beginnende intensive Auseinandersetzung mit dem Thema zeigte jedoch, dass auch andere Vorstellungen und Meinungen von Gewicht und Bedeutung sind. Das Problem wurde von jetzt an von einem erweiterten Gesichtskreis aus betrachtet.

Es steht die Frage, ob es richtig und im Sinne der Denkmalpflege heute vertretbar ist, ein einmal völlig zerstörtes und beseitigtes Haus originalgetreu wiederaufzubauen, also eine Kopie zu fertigen, oder ob man mit neuen Ideen die bestehende Lücke schließen sollte. Ideen, die eine mutige Ergänzung für Fehlendes finden, die die historische Substanz in ihrer Einmaligkeit belassen und die so das Ganze zu einer neuen Einheit führen sollen.

1990 wurde am Bauhaus eine Diplomarbeit gefertigt, die von der Idee ausging, dass die Komplettierung des ersten Doppelhauses nicht zwingend den Wiederaufbau der verloren gegangenen Haushälfte bedeuten muss. Ein zweigeschossiger, transparent gehaltener Baukörper auf halbkreisförmigem Grundriss wird als Ergänzung des Feiningerhauses bzw. als Ersatz des ehemaligen Hauses von Moholy-Nagy vorgeschlagen. Luise Schier unterbreitete mit dieser Arbeit, die von Dieter Bankert vom Bauhaus Dessau und von Dietmar Kuntzsch von der Kunsthochschule Berlin-Weissensee betreut wurde, einen Vorschlag, der nicht nur die Anlage der drei Doppelhäuser sinnvoll abrundet, sondern der auch bei einem möglichen außer Acht lassen des westlich davon liegenden und nicht mehr im Original vorhandenen Gropiushauses ein neuer gelungener Auftakt der Siedlung sein könnte.[1]

Ganz anders wurde die Betrachtungsweise während eines Workshops gesehen, welchen Dirk Manzke, der damals ebenfalls am Bauhaus tätig war, organisierte. Er fand 1994 anlässlich des 90. Geburtstages des ehemaligen Bauhäuslers Hubert Hoffmann statt. Deutsche und österreichische Studenten aus Dresden, Darmstadt

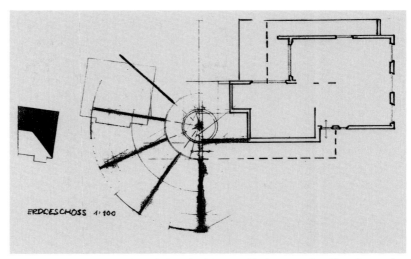

ERDGESCHOSS 1:100

Entwurf von Luise Schier,
Grundriss

und Graz sowie der Architekt Rainer Verbizs aus Paris waren beteiligt. Es wurden
Ideen entwickelt, die die Siedlung in ihrem jetzigen Bestand als Ganzes sehen, die bei
Erhalt der vorhandenen originalen Baulichkeiten – zu denen auch das auf dem Keller
des Gropiushauses errichtete Satteldachgebäude zählt – verschiedene Varianten von

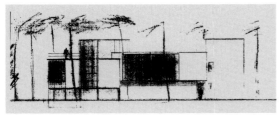

Ergänzungen und Verdichtungen zeigen. Sicher sind
diese Vorschläge als Visionen zu sehen. Aber gerade
so machen sie auf die Bedeutung jener einmaligen
Anlage aufmerksam.

Die Studentengruppe entwickelte Vorstellungen, die
von einer Bereicherung der Siedlung durch Gäste-
wohnungen und Werkstätten auf ihrer Südseite aus-

Entwurf von Luise Schier,
Ansicht

gehen und die zwischen den historischen Meisterhäusern Flächen für Aktivitäten wie
Ausstellungen und Veranstaltungen ausweisen.

In seinem eigenen Entwurf geht Verbizs noch einen Schritt weiter. Er begreift die
Siedlungsanlage als öffentlichen städtischen Kulturbereich, als Agora der Meisterhäuser, als *"städtisches Kunstforum, das aufbauend auf der Geschichte des Ortes
neue Akzente setzt"*. In seinem Vorschlag verbleiben alle vorhandenen Bauten. Nach
Osten werden sie durch ein neues Haus Gropius ergänzt. Verbizs empfiehlt nun die
gesamte Anlage mit einem 26 m breiten Konstruktionsraster aus Stahlstützen und
Seilen, in welches mobile Zeltdächer eingehängt werden, in ihrer Länge zu über-
spannen. Er versteht seine Lösung als *"Bau- und Funktionsstrategie, die für die
verschiedensten Entwicklungen einen starken Rahmen abgeben soll, der auch
Widersprüchliches zusammenfassen muss"*.[2]

Anlässlich des 25. Todestages von Ludwig Mies van der Rohe fand am 17.8.1994 in
der Siedlung ein nichtalltägliches Ereignis statt. Unter Leitung von Elisabeth Tharandt
erfolgte mit Hilfe einer Gruppe von Jugendlichen und Kindern ein symbolischer
Wiederaufbau der Trinkhalle. Es ist jenes kleine Gebäude, das der zweite Bauhaus-
direktor in die von Gropius errichtete weiße Umgrenzungsmauer der Siedlung ein-

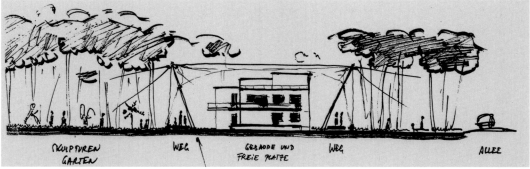

*Entwurfsidee
einer Studentenarbeit des
Workshops – Modellfoto*

*Entwurfsskizze
von Rainer Verbizs*

*Entwurfsidee
von Rainer Verbizs,
Modellfoto*

fügte und welches das einzige Gebäude von Mies van der Rohe in Dessau bleiben sollte. Diese unkonventionelle Aktion wies eindrucksvoll darauf hin, dass jenes Gebäude bei künftigen Überlegungen und Gedanken zur Siedlung durchaus bedacht werden sollte.

Entwurf von Annette Müller, Modellfoto

Vier Jahre später stand die Siedlung wieder im Mittelpunkt eines Seminars. Eine Gruppe Berliner Architekturstudenten stellte sich der interessanten Aufgabe. Sie fertigten unter Leitung von Jörn-Peter Schmidt-Thomsen und Andreas Schwarz Entwürfe für einen Neubau am Feiningerhaus, der die fehlende Doppelhaushälfte optisch ergänzen sollte. Auch sie wollten den fehlenden Teil nicht einfach nachbauen, sondern eine Lösung suchen, die das bestehende Gebäude, das Feiningerhaus, respektiert und die das neue Bauwerk diesem sensibel zuordnet. In dem neuen Haus sollten jeweils Wohn-, Arbeits- und Ausstellungsräume für drei Kunststipendiaten Platz haben. Der Entwurf von Annette Müller zählt zu den beachtenswertesten Lösungen. *"Er setzt als Negativform des Feiningerhauses in gebührendem Abstand einen verglasten Bau in U-Form auf die freie Fläche."* [3]

nächste Seite:

Brief von Hubert Hoffmann an Wolfgang Paul, Auszug

Schließlich sollen auch die Vorstellungen und Visionen von Hubert Hoffmann, die dieser 1994 übermittelte, nicht unerwähnt bleiben. Auch er spricht davon, dass der östliche dreieckige Grundstücksteil für eine Auftaktbebauung prädestiniert ist. Die Architekturvorstellungen ehemaliger Bauhäusler wie Mies van der Rohe, Hilbers-eimer und anderer könnten hier demonstriert werden, ist seine Meinung. Sicher sind bis zur Findung der baulichen Ergänzung oder Erweiterung der Meisterhaussiedlung

In meinem Entwürfen zur Meisterhaus-Siedlung hatte ich
an einen "Empfangsbereich" gedacht (ein etwa dreieckige
Grundstücksteil) im Mittelpunkt ein "Mies van der Rohe"
(als das erste Teile-Gedenk-Stätte), darüber ein "Atelierraum"
für Wohnungs- und Städtebau.
Nachdem die Mittel so knapp sind und ein echtes "Mies" sehr
teuer kommen würde, habe ich auch den Vorschlag verdichtet.
Modelle für ihn und James Meyer wären in dem später zu
restaurierenden Pappos (als Arbeiten der Bauhausfreunde
geeignet!)
Da die Meisterhaus-Siedlung sehr weiträumig ist und von
ihrem Charakter wenig verlieren geht, wenn man den vorderen
"Empfangsteil" verdichtet - könnten hier noch ein oder zwei
Einfamilienhäuser - für Ausstellungen vorgesprochen werden.
Häuser, in denen der Vorstände des "neuen bauen" repräsentiert
ist. - Ich denke in erster Linie an den eingeschossigen, sehr
sorgfältigen Typ von Atelierraum, und Ausstellungen zum Thema
Städtebau. Über einen zweiten Typ (möglich 1½ Geschossig)
sollten wir uns nachdenken. Vielleicht von Breuer, Hannes Meyer,
James Meyers (als ich bitte einen solchen Typ anzubieten
(in Vorarlberg gebaut)
Mit diesen Vorschlägen möchte ich keinesfalls in Ihre Kompetenz
eingreifen - Es sollten nur Anregungen sein!
Mit freundlichen Grüßen geht, Bausteine zum Neuen!
Dr. Walter Thiemann

noch viele Gedanken und Auffassungen zu werten. Die Diskussionen um die richtige Entscheidung werden nicht abreißen, ja sie werden heftiger, je näher der Zeitpunkt der Verwirklichung rückt. Denkmalpfleger und Architekten werden sich dieser Verantwortung stellen. Auf jeden Fall wird der bevorstehende Abschluss der Sanierung der Doppelhäuser die Auseinandersetzung darüber vorantreiben und weitere kontroverse Diskussion hervorbringen. Es wird sicher keine leichte, aber doch notwendige Auseinandersetzung. Der erforderliche Klärungsbedarf wird sie herausfordern.[4]

Wolfgang Paul
geboren 1940 in Dessau.
Architekturstudium in Weimar
(Promotion 1979),
anschließend bis 1990
Tätigkeit als Architekt und
Stadtplaner im Büro des
Stadtarchitekten Dessau.
Ehrenamtlicher Beauftragter
für Denkmalpflege.
1976 verantwortlich für
die denkmalpflegerischen
Belange der Rekonstruktion
des Bauhauses.
Seit 1990 Leitung des
städtischen Amtes für
Denkmalpflege, 1992
gleichzeitig Leiter
des Stadtplanungsamtes.
Ab 1990 / 91 Vorbereitung
der Sanierung des Feininger-
hauses.
1995 Berufung zum
Professor an der Hochschule
Anhalt (FH), Standort Dessau.
Mitglied von DOCOMOMO
(international workingparty
for documentation and
conservation of buildings,
sites and neighbourhoods
of the modern movement).

1 *Projektdokumentation Luise Schier, Diplomarbeit Berlin-Weissensee, Stiftung Bauhaus Dessau,*
   Schriftenarchiv, Sign.: P-EA-0723
2 *Unterlagenzusammenstellung Workshop Dirk Manzke, Kurt-Weill-Zentrum, Archiv*
3 *Ilka Hillger, Gewagte Visionen für eine alte Wunde, Mitteldeutsche Zeitung v. 14.11.1998*
   Modell des Entwurfs von Annette Müller in der Dauerausstellung des Kurt-Weill-Zentrums
4 *Brief Hubert Hoffmanns vom 28.12.1994 an Wolfgang Paul*

Das Haus Feininger in der Siedlung der Meisterhäuser, seine Bewohner und Gäste

Wolfgang Thöner

Mit der Meisterhaussiedlung entstand ein einzigartiges architektonisches Ensemble, formal konsequent in seiner ästhetischen Entsprechung eines angestrebten perfekten Ablaufs von Planung, Bau und Inneneinrichtung. Die *"Vereinfachung durch Multiplizierung"*, von der die Kuben und Details sprechen, sollte – so Gropius' eigene Worte – mit gewissermaßen mathematischer Konsequenz die *"Verbilligung und Beschleunigung"* des Bauprozesses bringen. Walter Gropius war davon überzeugt, dass nicht allein die Arbeit im Baubüro und auf der Baustelle sich solcherart verändern würde; gerade das darin stattfindende Leben würde in neuen Bahnen verlaufen, da die *"Lebensvorgänge"* dem modernen Leben gemäß *"organisiert"* worden wären. Sinnlich-konkretes Erlebnis der räumlich-gegenständlichen Qualitäten, gereinigt von allem Unnützen, würden den Bewohnern dieser Häuser ein besseres Leben ermöglichen. Mit mehr Licht, Luft und Sonne, in *"Vermeidung von Leerlauf und Unruhe"* (Gropius), wäre dieses Leben gesünder, geistvoller, ökonomischer und rationeller. In der Begründung der Unesco, auf deren Weltkulturerbeliste die noch existierenden Meisterhäuser unter der Überschrift *"das Bauhaus und seine Stätten in Weimar und Dessau"* seit 1996 stehen, ist in Bezug auf die Meisterhäuser von den *"unprätentiösen funktionalen Bauten"* die Rede, die *"als Modellbeispiele eines in den Grundrissen dieselben Elemente nutzenden Grundtyps von Wohnhaus"* wirken. Die Tatsache, dass in diesen Häusern einige der herausragendsten Künstlerpersönlichkeiten des 20. Jahrhunderts lebten und arbeiteten, war ein weiteres Kriterium für die Erklärung zum Weltkulturerbe. Damit zeichnen sich schon die Umrisse eines Widerspruches ab zwischen behaupteter unprätentiöser Funktionalität einer seriellen Ästhetik (die oft mehr ein Wunsch-Bild als Realität war) und der aufwändigen, von Haus zu Haus unterschiedlichen Inneneinrichtung exklusiver Künstlerwelten. Anders als bei den Wohnhäusern, die für fremde Auftraggeber entstanden, war mit den Meisterhäusern die Besonderheit gegeben, dass der Architekt und seine engsten Mitstreiter selbst darin wohnen würden. Nach dem Beschluss zum Bau der Meisterhäuser stand somit von vornherein fest, dass das eben mit großer nationaler und internationaler Aufmerksamkeit von Weimar nach Dessau gewechselte Bauhaus mit seiner *"Künstlerkolonie"* mit großer Beachtung und Neugier bei diesem *"Selbstversuch"* rechnen musste.

Gespannte Neugier und Skepsis hielten sich wohl die Waage, auch bei den Bauhausmeistern selbst, die nicht nur den Entwurf mit begleiteten und an Farbgestaltung und Inneneinrichtung mitwirkten, sondern als künftige Bewohner die Baustelle regelmäßig besuchten.

Das Bauhaus als Institution wies nie jene doktrinäre, gleichsam monolithe Geschlossenheit auf, die ihm Kritiker gern unterstellen. Klees Aussage von 1921, dass er die *"verschiedenen Kräfte"*, die am Bauhaus wirken, und ihren *"Kampf gegeneinander"* bejahe, gilt auch für die Dessauer Zeit. Die gerade ihrem Höhepunkt zustrebende, von Gropius forcierte *"Hinwendung zur Industrie"* bedeutete nicht die einseitige Abkehr von individuell unterschiedlichen Kunst-, Gestaltungs- und Lebenskonzepten. Das trifft im besonderen Maße auf Lyonel Feininger zu, da er als der einzige der Bauhausmeister in Dessau keinen direkten Lehrauftrag mehr hatte. Gropius bat ihn trotzdem zu bleiben. Seine Rolle, die, wie er selbst beschrieb, darin bestand *"Atmosphäre zu verbreiten"*, wurde offensichtlich hoch geschätzt. Auf die Besonderheiten innovativer Künstlergruppen hat in Bezug auf das Bauhaus Klaus von Beyme unlängst verwiesen, indem er den Dimensionen der besonderen Gruppendynamik pluralistischer Künstlergruppen wie der des Bauhauses nachging. Das Bauhaus war bis 1928 eindeutig von Walter Gropius dominiert, der verschiedenste Begriffe von Sozialismus bzw. Volksstaat unter ein gemeinsames konzeptuelles Dach zu bringen vermochte, das sowohl die dem romantischen Künstlerbild nahe kommende Zurückgezogenheit Feiningers als auch die konstruktivistische Technikbegeisterung seines Dessauer Nachbarn Moholy-Nagy abdeckte. Dazwischen gab es auch einen Künstler wie Wassily Kandinsky, der mit seinem politischen Desinteresse z.T. regelrecht kokettierte. Gropius hat bei all dem nie einen Zweifel gelassen, dass letztlich er die direktorale Gewalt hatte. Beyme hat in diesem Zusammenhang auf die Grenzen von demokratischer Mitbestimmung angesichts der damals verbreiteten Mentalität in der Weimarer Republik hingewiesen und herausgestellt, dass Gropius ohne die starke Stellung der Meister Künstler wie Kandinsky, Klee oder Feininger nicht so lange hätte halten können. Bezeichnenderweise, so Beyme, *"zerbröckelte die Einigkeit immer dann, wenn es um die Vermehrung der Arbeitslast und einen Einkommensverzicht ging"*. Einigkeit stellte sich zumeist durch die Notwendigkeit her, sich mächtiger Feinde erwehren zu müssen, die sich im *"Kulturkampf"* um das Neue Bauen gegen das Bauhaus formierten.

Zu den Widersprüchen des Bauhauses gehört, dass es in seiner Programmatik zwar von der *"Emphase... einer entdifferenzierten Gesellschaft"* (Beyme) sprach, diese jedoch, gewissermaßen als *"Künstlerkommune"*, in den Meisterhäusern nicht gelebt wurde. Doch kann mit Beyme durchaus davon gesprochen werden, dass die Bauhaus-Gemeinschaft in der Zeit des Wechsels nach Dessau begann, sich von *"expressionistischen Verinnerlichungstendenzen"* abzusetzen und auf dem Weg *"zu einer neuen, kollektiven Arbeits- und Lebensgemeinschaft"* war. Nach Gropius' Weggang 1928 war es immer schwieriger, das Spektrum der Kräfte am Bauhaus in der Balance zu halten.

Der äußere Druck rechtsradikaler Kräfte sowie interne linksradikale Strömungen erschwerten in der Ära Hannes Meyers zunehmend die Konsensbildung. Weder die Politisierung unter Hannes Meyer noch die *"rheinische Wurstigkeit"* (Beyme) von Ludwig Mies van der Rohe vermochten die *"verschieden gerichteten Kräfte"* zu einer Einheit zu überbrücken. Es war klar, dass all die damit verbundenen Spannungen gerade auch in der Meisterhaussiedlung eine Rolle spielen mussten, in der privates Familienleben, Kontakte mit verschiedensten Persönlichkeiten und Arbeit sich besonders eng verwoben.

Angesichts des angestrebten Ziels des Bauhauses, mit seinen Gestaltungen ein besseres Leben für alle Mitglieder der Gesellschaft antizipieren und evolutionär-pädagogisch durchsetzen zu können, schien schon während des Baus der Siedlung vielen der künftigen Bewohner ein Leben in dieser Siedlung als durchaus problematisch. Diese Skrupel sind am deutlichsten von Oskar Schlemmer formuliert worden: *"Ich bin erschrocken, wie ich die Häuser, das erste ist hoch, gesehen habe!"*, bekannte er 1926 in einem Brief an seine Frau. *"Hatte die Vorstellung, hier stehen eines Tages die Wohnungslosen, während sich die Herren Künstler auf dem Dach ihrer Villa sonnen."* Und Hannes Meyer hatte bei aller Anerkennung und Sympathie für die *"neoplastischen Gebilde"* große Probleme, in einer Villa wie dem Haus Gropius zu wohnen. Ein weiteres Problem erwuchs ab 1925 aus der Tatsache, dass die Führungsriege des Bauhauses, der Meisterrat, sich erweiterte. Erste Absolventen waren da, die nicht nur Talent bewiesen, sondern auch schon genügend Praxis und zunehmend Erfolg hatten, um ihre Mitwirkung am Kurs der Institution nicht nur einzufordern, sondern auch durchzusetzen. Die so genannten Jungmeister waren nicht als Bewohner der Meisterhaussiedlung vorgesehen. Marcel Breuer, gerade Leiter der Tischlereiwerkstatt geworden, entwarf eine Siedlung für die Jungmeister, die gegenüber dem Bauhausgebäude stehen sollte. Er nannte sie BAMBOS, ein Name, der sich aus den Anfangsbuchstaben der Jungmeister Herbert Bayer, Josef Albers, Hannes Meyer, Marcel Breuer, Otto Meyer-Ottens und Joost Schmidt zusammensetzte. Verglichen mit den Meisterhäusern erschienen sie mit ihrem "Stahlskelett mit trockenmontierten Füllplatten" noch abstrakter und moderner. Es waren nicht zuletzt finanzielle Schwierigkeiten, die dieses Projekt zu Fall brachten, das noch eine zusätzliche Dimension hatte, denn Gunta Stölzl, die bislang einzige Frau im Leitungsgremium des Bauhauses, war im Entwurf nicht bedacht worden.

Die jeweilige Nähe bzw. Ferne zum Gropiusschen Programm wurde schon anhand des Umgangs mit der Architektur deutlich. Es war natürlich klar, dass am ehesten das Haus Gropius (Burgkühnauer Allee Nr. 1) innen und außen wie aus einem Guss zu bestehen schien. Das von Beginn an als reines Wohnhaus für Walter und Ise Gropius konzipierte Gebäude war geradezu für die Öffentlichkeit bestimmt. Es diente in vielen Führungen und in einem 1927 gedrehten Film wie ein Ausstellungsobjekt der Propagierung der Ideen des Neuen Bauens. Die räumliche Nähe des nächsten Hauses, der ersten Doppelhaushälfte (Burgkühnauer Allee Nr. 2), in der Laszlo Moholy-Nagy mit seiner Frau Lucia Moholy lebte, war auch eine Nähe im Konzeptuellen. Gropius und sein – so der spöttende Oskar Schlemmer – *"Ministerpräsident"* Moholy-Nagy wiesen damals den neuen Kurs des Bauhauses. Die Gemälde an den Wänden korrespondierten mit dem Geist der Ausstattung. Lucia Moholy, damals die wichtigste Fotografin des Bauhauses, richtete in diesem Haus ihre Dunkelkammer ein. Lyonel Feininger bewohnte mit seiner Frau Julia und den Söhnen Andreas, Laurence und Theodor Lux die nächste Doppelhaushälfte (Nr. 3). Er gab anfängliche Vorbehalte der Architektur gegenüber sehr bald auf, als er feststellte, wie wunderbar sich nicht nur die am Bauhaus nach Entwürfen von Andreas Feininger

Feininger-Haus
Wohnzimmer,
um 1927

Feininger-Haus
Esszimmer mit Möblierung
von Andreas Feininger,
um 1927

Feininger-Haus,
Atelier Feininger
mit seiner Frau,
um 1927

gefertigten Schränke, sondern auch die aus dem 19. Jahrhundert stammenden Möbel platzieren ließen. Am 2. August 1926, kurz nach dem Einzug, schrieb Lyonel Feininger voller Begeisterung über den neuen Wohnort, wo *"gewaltige Junkersflugzeuge über unserem Wäldchen"* herumflogen, an seine Frau: *"Ich sitze auf unserer Terrasse, die einfach wonnig ist. Der Überhang und die kurze Südwand, über die wir so unglücklich waren auf dem Plan des Hauses, geben gerade das gemütliche Licht – ohne diese Vorsprünge wäre alles in Sonne und Mittagsglut gebadet."* Auch anderen Räumlichkeiten konnten Feiningers jene Gemütlichkeit abgewinnen, die dem damals angestrebten Bild der Bauten entgegenstand. Ansonsten herrschte Freude über das neue Raumgefühl: *"Hier ist gerade Raum, und man hat das Gefühl sich im Freien zu befinden ... Und luftig, bewegte Luft, aber gebrochen durch den Kiefernwald, so dass man Schutz hat ... Unser Esszimmer ist gar nicht eng, und Andreas' Möbel geben so viel Farbe und Wärme hinein, dass es jetzt schon, noch ohne Bilder, wohnlich und schön wirkt."*

Der Enthusiasmus galt auch der Farbgestaltung des Hauses: *"Das Treppenhaus ist meine ganze Freude, so lustig, mit dem roten Geländerstreifen auf den kobaltblauen glatten Treppenwangen"*: Schaut man auf die erhaltenen Fotografien der Inneneinrichtung von Feiningers, so entdeckt man z. B. im Wohnzimmer nicht nur ein konventionelles Sofa und handelsübliche Perser-Teppiche und -Läufer, sondern sieht auch die metallischen Reflektionen neuesten Bauhaus-Designs wie die Stehlampe von Gyula Pap oder den Hocker bzw. Beistelltisch von Marcel Breuer hervorblitzen. An den Wänden, wie auch in vielen der anderen Räume, befanden sich Gemälde Feiningers, abgehängt von umlaufenden Galerieleisten.

Das nächste Doppelhaus (Burgkühnauer Allee 4 und 5) enthielt die Wohnungen von Georg und El Muche sowie von Oskar und Tut Schlemmer. Die Innenausstattung im Hause Muche schaffte es mit einer Abbildung bis ins berühmte Bauhausbauten-Buch von Gropius – wenn auch die Fotografie des Wohnzimmers teilweise mit Retuschen *"korrigiert"* wurde. Oskar Schlemmer bewohnte mit Frau und drei Kindern das nächste Haus. Das letzte der drei Doppelhäuser, das Haus von Kandinsky (Burgkühnauer Allee 6) und Klee (Nr.7), baute im Innern schon durch seine farbliche Gestaltung, aber auch mit seiner Ausstattung, den wohl größten Kontrast zur Architektur von Gropius auf. Die Meisterhäuser als Orte bürgerlichen Privatlebens sind aus einigen Erinnerungen und wenigen Schilderungen von Zeitgenossen überliefert. Die geringen Abweichungen in der Größe der Wohnungen dienten zwei Familientypen: *"Die größere erhielten die Meisterfamilien mit Kindern, die kleinere kinderlose Ehepaare"*, erinnerte sich später Nina Kandinsky. In den Meisterhäusern lebten drei kinderlose Ehepaare – die Familien Gropius, Muche und Kandinsky – , ein Ehepaar mit drei noch kleinen Kindern: Schlemmers – und zwei Paare mit schon erwachsenen Kindern: Paul und Lily Klee mit ihrem Sohn Felix und Julia und Lyonel Feininger mit ihren Söhnen Andreas und Theodor Lux. Was zudem auffällt, sind die noch quasi herrschaftlichen Annehmlichkeiten von Dienstmädchen und Hausmeister. Der *"Abstieg"* zur Kellerwohnung des Hausmeisters im Haus Gropius blieb durch eine geschickt gesetzte Wand verborgen; und die Dienstmädchen wohnten im am wenigsten attraktiven Teil im Nordwesten des Hauses. Im Haus Gropius existierte dafür ein separater Eingang. Die Familien bauten zu ihren *"Mädchen"* eine herzliche Beziehung auf, wie spätere Kartengrüße und Briefwechsel beweisen. Der Aristokrat unter den Bewohnern der Siedlung war ohne Zweifel Ludwig Mies van der Rohe, der sogar einen regelrechten Diener, in strengem Schwarz und mit weißen Handschuhen, für seinen Haushalt sorgen ließ.

Das Leben von Ise und Walter Gropius kreiste ganz um das Bauhaus. Ise Gropius füllte die Rolle als Gastgeberin, Sekretärin und *"Promoterin"* voll aus. Im 1927 entstandenen Film zu den Bauhausbauten führte sie die Annehmlichkeiten der durch rationalisierten Wohnung vor. Schlemmers pflegten ein geselliges Familienleben, in dem die Kinder eine große Rolle spielten, wie z.B. aus einem Brief Oskar Schlemmers über den Besuch von Hannes Meyer in seinem Haus im Dezember 1926 hervorgeht: Meyer war, so Oskar Schlemmer, *"nachdem ihm der Ästhetizismus der anderen Häuser langsam auf die Nerven ging, selig, bei uns Kinder anzutreffen, vermutlich auch, weil sie ihn an die seinen erinnerten"*. Zum Haushalt der Klees gehörte neben dem Hausmädchen auch die Gymnastiklehrerin des Bauhauses, Karla Grosch, eine Palucca-Schülerin.

Andreas Feininger fotografiert Gret Palucca auf dem Dach eines der Meisterhäuser", 1927

Lyonel Feininger lebte bis 1932 im Haus Nr. 3 und war somit Zeuge aller Bewohnerwechsel. Den ersten neuen Mieter gab es 1927, als nach dem Wegzug von Muches das Ehepaar Lu und Hinnerk Scheper in die Nr. 4 einzog. Im Juni 1928 verließ Moholy-Nagy mit seiner Frau das Haus Nr. 2, was von Lyonel Feininger sehr bedauert wurde. Er vermisste schon bald *"die freundliche Stimme von Moholy, die ins Atelier drang bei seinen Besprechungen! Er sorgte für Austausch und Zirkulation der Bauhausgedanken und war der liebenswürdigste und bereitwilligste, lebendigste Mensch..."* Als neue Mieter zogen Anni und Josef Albers ein. In die Nr. 1 der Siedlung zog 1928 der neue Direktor des Bauhauses Hannes Meyer, der ab 1927 für einige Wochen bei Schlemmers gewohnt hatte. Als nächstes verließ die Familie Schlemmer ihr Domizil. In ihr Haus zogen Gertrud und Alfred Arndt. Bislang wenig bekannt ist, dass die Leiterin der Webereiwerkstatt Gunta Stölzl zumindest zeitweise von November 1929 bis Juli 1930 mit ihrem Kind das Atelier und einen

Nebenraum im Haus Nr. 5 bewohnte, 1930 sogar mit ihrem Mann, dem Bauhäusler Arieh Sharon. Und ebenso kaum bekannt ist, dass ab 1929, als Hinnerk Scheper mit seiner Frau für zwei Jahre nach Moskau ging, Joost Schmidt mit seiner Frau Helene Schmidt-Nonne ins Haus Nr. 4 zog. Nach der Rückkehr der Schepers im Jahr 1931 haben dann beide Familien gemeinsam bis 1933 das Haus bewohnt. Der letzte Mieterwechsel zu Bauhauszeiten geschah im Sommer 1930, als nach der Entlassung Hannes Meyers der neue Direktor Ludwig Mies van der Rohe in das Haus Nr. 1 zog.

Das Familienleben bei Feiningers war dem von Familie Klee sehr ähnlich. Julia Feininger war wie die Pianistin Lily Klee – die Söhne Feiningers waren wie ihr Sohn Felix, der am Dessauer Theater eine Ausbildung erhielt, schon erwachsen – oft wochenlang nicht zu Hause, ein Umstand, dem wir die umfangreichen Korrespondenzen mit ihren Männern verdanken. Eine erhaltene Fotografie zeigt die ausgebildete Malerin Julia Feininger in ihrem Zimmer, dem nach Süden geöffneten Raum neben dem Atelier, an einem Schreibtisch sitzend, hinter sich eine Liege, über der eine von ihrem Mann gemalte Stadtlandschaft hängt. Vom in sich ruhenden Familienleben der Feiningers geben sowohl Fotografien als auch Erinnerungen einiger Besucher Auskunft. Einige Fotos zeigen Julia und Lyonel Feininger im Atelier. Sie sitzt auf einem der Fotos auf einem klassischen Thonet-Stuhl (auf einem anderen Foto in einem opulenten neobarocken Sessel), während er, an der Staffelei stehend, an einem Gemälde arbeitet. Lyonel und Julia Feininger hatten drei Söhne, die man auf einer 1928 entstandenen Fotografie zusammen mit ihrem Vater beim gemeinsamen Zigarrerauchen auf einem Sofa im Meisterhaus sehen kann. Die Söhne bewohnten jeweils eines der beiden Zimmer in der obersten Etage und wahrscheinlich einen der Räume im Geschoss darunter. Der 1909 geborene Laurence wurde später Komponist und Musikhistoriker. Andreas war der älteste der Söhne, der 1922 als sechzehnjähriger Lehrling in die Möbeltischlerei des Bauhaus Weimar eintrat, die er 1925 verließ, um sich dann zunächst an der Staatlichen Bauhochschule in Weimar und danach an der Anhaltischen Bauschule in Zerbst zum Architekten ausbilden zu lassen. Seine erste Anstellung erhielt er 1928 beim Dessauer Architekten Kurt Elster. Der 1910 geborene Theodor Lux begann im Jahr des Einzugs ins Meisterhaus ein Studium am Bauhaus. Er besuchte den Vorkurs bei Josef Albers, hatte Unterricht bei Carl Fieger, Alcar Rudelt und Joost Schmidt, war dann von 1927 bis 1929 Mitglied der Bühnenwerkstatt des Bauhauses und gehörte zur Bauhauskapelle. 1927 begann er zu fotografieren, begeistert von den Experimenten des Nachbarn Moholy-Nagy. Er benutzte die 9x12-Plattenkamera seiner Mutter und richtete die (nach der von Lucia Moholy im Nachbarhaus) zweite Dunkelkammer in der Meisterhaussiedlung ein. (Die dritte Dunkelkammer richtete Joost Schmidt erst 1932 im Haus Nr. 4 ein.) Offensichtlich übertrug sich das fotografische Interesse von Theodor Lux auch auf seinen Bruder Andreas, der dann seine fotografische Karriere startete, während Theodor Lux 1929 die Malerei zu seinem Metier erhob. Wie im Atelier Lyonel Feiningers entstanden auch in denen der anderen Meisterhäuser innerhalb weniger Jahre hochrangige Werke besonders der Malerei und Grafik. Schlemmer begann nach Jahren der vorrangigen Bühnenexperimente erst hier in der Meisterhaus-Siedlung wieder zu malen.

Julia und Andreas Feininger auf dem Balkon ihres Meisterhauses, um 1926/27

Zu den häufigen Besuchern im Hause Feininger zählten Studierende des Bauhauses wie Hermann Röseler (der mit Theodor Lux befreundet war und auch Unterricht bei Lyonel Feininger erhielt) und Hermann Klumpp, der ebenfalls Paul Klee (der 1930 Klumpp ironisch *"einen Hang für reife Menschen"* nachsagte) und Wassily Kandinsky gern besuchte und die gesammelten Erfahrungen zu einem Buch über abstrakte Malerei verarbeitete. Besonders der Kontakt zu Lyonel Feininger entwickelte sich dann zu einem Vertrauensverhältnis, das u.a. dazu führte, dass Feininger vor seiner Ausreise in die USA einen Großteil seines Werkes dem dann in Quedlinburg lebenden Klumpp überließ – ein Umstand, der Jahrzehnte später zur Gründung der Quedlinburger Feininger-Galerie führen sollte.

Neben dem Atelier spielte für Lyonel Feininger das Wohn-, oder besser: Musikzimmer eine große Rolle. In seiner Mitte stand ein Flügel, an dem der passionierte Klavierspieler gelegentlich auch selbst Fugen im Stile von Johann Sebastian Bach komponierte. Auf einem der Fotos erkennt man auch die Noten Bachscher Klavierwerke im speziell dafür von Andreas Feininger umgearbeiteten Regal. Leider war Feininger so zurückhaltend, dass er nie öffentlich musizierte und sich nur im vertrauten Kreis zum Spielen überreden ließ. Eine andere große Leidenschaft Feiningers war das Fahrrad fahren – vor jedem der Doppelhäuser stand eine ebenso doppelte Fahrradgarage.

Von Beginn an waren die Meisterhäuser natürlich auch ein Ort, an dem nicht nur in privater Vereinzelung an neuen Ideen gebrütet und Kraft geschöpft wurde. Der rege geistige Austausch zwischen den Bewohnern konnte in der engen Nachbarschaft nahtlos aus privaten, familiären Treffen entstehen bzw. von diesem gar nicht zu trennen sein. Gerade das Haus des Direktors war dabei nicht nur ein Ort, an dem in geselliger Runde schöne Abende ausklangen, sondern an dem zuweilen auch unbequeme Entscheidungen gefällt und ausdiskutiert wurden. So erlebte es Georg Muche am 19.12.1926, als er Gropius bat, ihm die Leitung der geplanten Architektur-Abteilung zu übertragen und daraufhin von Gropius bestenfalls eine Mitarbeit angeboten bekam. Der enttäuschte Muche nahm bald seinen Abschied, der am 2. Juli 1927 mit einem Fest für Georg und El Muche im nunmehrigen Haus Scheper vollzogen wurde. Lyonel Feininger war natürlich unter den Gästen wie auch am 11. März 1928, als Wassily und Nina Kandinsky ihre Einbürgerung feierten. Sie hatten drei Tage zuvor deutsche Pässe erhalten, die es ihnen endlich erlaubten, auch außerhalb Deutschlands zu reisen. Das *"Einbürgerungsfest"* thematisierte die Frage von Identität im (selbst-)ironischen Spiel mit eigener Vergangenheit und mit der Geschichte des Ortes. Nina Kandinsky erinnerte sich später: *"Die Regie des Abends lag bei Oskar Schlemmer. Er beschaffte aus dem Theaterfundus in Dessau für die Meister passende Kostüme."* Klee kam *"als orientalischer Scheich..., Feininger wählte die Tracht eines Maharadschas, Moholy-Nagy trug die Uniform des Alten Dessauers. Herbert Bayer trat in der Militäruniform des Prinzen von Anhalt auf. Auch Kandinsky hatte sich eine lustige Kombination ausgedacht: eine bayerische Seppelhose und darüber einen Frack. Marcel Breuer vertraute seiner Phantasie und bastelte sich ein Kostüm zusammen, das alle Moden gründlich persiflierte. Ich selbst trug ein ziemlich freches, kurzgeschnittenes Tüllkleid. – Den Höhepunkt bildete unsere offizielle Taufe. Die Weihe nahm Ludwig Grote vor... der Bauhäusler Wei-ninger... hielt die Laudatio, bei der sich die Anwesenden vor Lachen nur so schüttelten."*

Viele Persönlichkeiten aus Politik, Kunst, Wissenschaft und Wirtschaft, vor allem die, die dem Bauhaus positiv gegenüberstanden, führte nach einem Besuch im Bauhausgebäude der Weg fast immer auch zu den Meisterhäusern. Ein guter Kontakt bestand zu den wichtigen lokalen Persönlichkeiten vom Oberbürgermeister Fritz Hesse über den Landeskonservator Ludwig Grote, den Musik- und Theaterleuten Franz von Hoesslin (der den Anstoß zur Übernahme des Bauhauses gegeben haben soll) und Franz Hartmann bis zu Junkers-Ingenieuren und Unternehmern. Zu den Besuchern, die sich wie ein Who's Who der Moderne der 20er Jahre lesen, gehörten – die Aufzählung erhebt nicht den Anspruch auf Vollständigkeit – die Schriftsteller Ilja Ehrenburg und Tadeusz Peiper, die Tänzerin Gret Palucca, die bildenden Künstler Kasimir Malewitsch, Paul Gleizes, El Lissitzky, Naum Gabo, Amadee Ozenfant, George Grosz, Marcel Duchamp, Alfred Kubin, die Kunsthistoriker Adolf Behne, Walter Dexel,

Lyonel Feininger und Julia Feininger im Atelier, 1927

Will Grohmann, Sigfried Giedion, Rudolf Arnheim, Alois J. Schardt und Lu Märten, der Kunsthändler Albert Flechtheim, der Kunstpädagoge Hans Friedrich Geist, die Architekten Cornelius van der Vlugt, Bruno und Max Taut, Rudolf Häring, Gustav Schneck, Otto Häsler, Rudolf Bartning, Hendrik Petrus Berlage, Erich Mendelsohn, Arkadi Grigorewitsch Mordwinow, Max Berg, der Psychologe Hans Prinzhorn, der Philosoph Otto Neurath, der Filmemacher Dsiga Werthoff, die Musiker Bela Bartok, Paul Hindemith, der Chemiker und Farbtheoretiker Wilhelm Ostwald. 1927 vollführte Gret Palucca ihre Sprünge auf dem Dach eines der Meisterhäuser (sie trat am 29. April in der Aula des Bauhauses auf), wahrscheinlich dem des ersten Doppelhauses. Zu den zahlreichen Studierenden, die einen oder mehrere der Bauhausmeister in ihren Häusern besuchten, gehören auch Künstler, die nach ihrem Studium zu internationalem Ruhm kamen wie z. B. Max Bill oder Fritz Winter.

Nachdem die Nationalsozialisten ab 1932 den Gemeinderat beherrschten und das Bauhaus aus Dessau vertrieben hatten, kündigten nacheinander alle

Bauhäusler ihre Mietverträge. Als letzter zog im Juli 1933 Hinnerk Scheper aus, zu einem Zeitpunkt, als das in Berlin weitergeführte Bauhaus seine Auflösung erklärte. Nun begann das viele Jahrzehnte andauernde traurige Kapitel des wenig einfühlsamen, zumeist sehr pragmatischen Umgangs mit den Bauten, die im 3. Reich zudem als "wesensfremde Bauart" in den ideologischen Verdikt gerieten. 1939 kauften die Junkers-Werke die Häuser, in denen schon vorher Mitarbeiter der Firma wohnten. Am 7. März 1945 zerstörte eine Bombe das Einzelhauses und die erste Doppelhaushälfte. Auf dem bis Traufhöhe noch vorhandenen Einzelhaus wurde 1956 ein konventionell anmutendes Haus (als Wohnung und Praxis einer Ärztin) mit Spitzdach errichtet. Auch im Haus Klee gab es eine Arztpraxis. Die anderen Häuser wurden zu Wohnungen. Zudem befand sich im Haus Feininger bis 1990 eine städtische Poliklinik. Obwohl die Häuser schon Mitte der 70er Jahre auf die Denkmalliste gesetzt worden waren, gab es erst nach 1990 ernsthafte Bestrebungen zum pfleglichen und auch in der Nutzung angemessenen Umgang mit den Bauten. Nach dem Auszug der letzten Mieter und noch vor Beginn restauratorischer Maßnahmen kam als Zwischenlösung das Stadtarchiv ins Haus Schlemmer. Das Haus Klee wurde zeitweilig zum Domizil des Design-Zentrums Sachsen-Anhalts. Als erstes der baulich seit Jahrzehnten heruntergekommenen Meisterhäuser wurde 1992 bis 1993 das Haus Feininger restauriert, das seit Dezember 1993 das Kurt-Weill-Zentrum der Stadt Dessau beherbergt und die neue Nutzung der Häuser einleitete. Im Februar 2000 wurde das Kandinsky-Klee-Haus, wie es seitdem genannt wird, als bisher einziges der Gebäude mit aufwändiger Klimatechnik ausgestattet, um museale Ausstellungsbedingungen zu schaffen. Die erste Ausstellung präsentierte für wenige Wochen einige der an diesem Ort, in den Ateliers von Klee und Kandinsky entstandenen Gemälde und Grafiken. Eine kulturtouristische Nutzung scheint auch die Zukunft des ehemaligen Muche-Schlemmer-Hauses zu werden, das gegenwärtig restauriert wird. Bewohner und Gäste und dementsprechendes Leben wie in den Jahren 1926 bis 1933 wird es auf absehbare Zeit nicht mehr geben.

Wolfgang Thöner
geboren 1957 in Dessau.
Studium der Kunsterziehung,
Germanistik und Kunst-
geschichte an der Humboldt-
Universität Berlin. Diplom-
arbeit zur Leipziger
Malschule, 1981.
1981–1983 Lehrer im
Schuldienst, danach Grafiker,
Galerieleiter, journalistische
und kunsthistorische Tätigkeit.
Seit 1985 wissenschaftlicher
Mitarbeiter am Bauhaus
Dessau, Schwerpunkt
Bauhausgeschichte
und -rezeption,
diverse Ausstellungen
und Veröffentlichungen.

Hinweise auf verwendete und zitierte Literatur

Walter Gropius, Bauhausbauten Dessau, München 1930, Reprint Mainz 1974
Reginald R. Isaacs, Walter Gropius. Der Mensch und sein Werk, 2 Bde., Berlin 1983
Felix Klee (Hrsg.), Paul Klee. Briefe an die Familie, 2 Bde, Köln 1979
Stiftung Bauhaus Dessau (Hrsg.), Das Bauhausgebäude in Dessau 1926–1999,
Basel–Berlin–Boston 1999
Tut Schlemmer (Hrsg.), Oskar Schlemmer. Briefe und Tagebücher, München 1958
Hannes Meyer 1889–1954. Architekt – Urbanist – Lehrer, Ausst.-Kat., Berlin 1989
Nina Kandinsky, Kandinsky und ich, München 1976
Hans M. Wingler, Das Bauhaus. 1919–33 Weimar, Dessau, Berlin und die Nachfolge in Chicago seit 1937,
Bramsche 1962, 3. Aufl. 1975
Bayerische Vereinsbank (Hrsg.), Leben am Bauhaus, München 1993

Lyonel Feininger im Weimarer Land

Günther Bergmann

linke Seite:
Lyonel Feininger,
Selbstbildnis mit Tonpfeife,
Oel/Lwd, 1910

Die Kirche von Vollersroda,
1906

Weimar, Hinter der
Badestube, 1906
Die Zeichnung der
winterlichen Weimarer
Gasse entstand bei Feiningers
erstem Besuch
im Februar 1906.
Die Häuser wurden
1986 wegen Baufälligkeit
abgerissen.

"Als ich oben auf dem Mühlenberg stand und vor mir rechts in der Tiefe Weimar und gegenüber im Nordwesten der Ettersberg so dunstig und schön lagen, war mir die Brust nicht weit genug für die Liebe, die ich zu diesem Orte trage."

Lyonel Feiningers Hommage an Weimar, aus einem Brief an seine Frau Julia vom 28. September 1913, entspricht bis in die Wortwahl einem Brief, in dem Goethe Charlotte von Stein seine Liebe zur Weimarer Landschaft gesteht, in der er nichts weniger als seine "Glückseeligkeit" gefunden habe.

Für Goethe und Feininger verband sich die Zuneigung zum Weimarer Land mit der Liebe zu einer Frau; beide wurden, auf unterschiedliche Weise, zu Entdeckern und Zeichnern der thüringischen Landschaft.

Am 12. Februar 1906 war Feininger, der seit 1896 ständig in Berlin lebte, zum ersten Mal nach Weimar gekommen, um die Kunststudentin Julia Berg zu besuchen. Er hatte sie im Jahr zuvor in Berlin kennen gelernt und sich in sie verliebt. Seit Herbst 1905 studierte Julia an der Großherzoglichen Kunstgewerbe-Schule und hatte Feininger schon mit ihren ersten Briefen neugierig gemacht auf die Stadt und die schönen Motive in der näheren Umgebung: auf die alte Steinbrücke über die Ilm und die Dorfkirche von Oberweimar, die schon Goethe gezeichnet hatte.

Feininger war von Weimar sofort fasziniert. Er blieb zwei Wochen, zeichnete die winterlichen Gassen der Stadt, den Marktplatz und die dreibogige Brücke am Südende des Ilm-Parks. Als er im März wiederkam (diesmal blieb er gleich fünf Monate), sah er zum ersten Mal die beiden südlich von Weimar gelegenen Kirchen, die neben der Brücke von Oberweimar für ein halbes Jahrhundert, durch alle Werk-

Gelmeroda, 24. Juni 1906
Feiningers früheste
Gelmeroda-Zeichnung.
Die Kirche ist von Osten
gesehen.

Julia Berg und Lyonel
Feininger in Ettersburg
bei Weimar, 1906

phasen hindurch, zu zentralen Motiven seiner Malerei werden sollten: die Kirche von Vollersroda, deren gedrungener Turm nur wenig höher ist als das Langhaus, und – gewissermaßen der Gegentyp – die schlanke Kirche von Gelmeroda, die große Liebe seines Malerlebens.

Die erste Zeichnung der kleinen Dorfkirche mit der hohen nadelspitzen Turmhaube machte Feininger am 24. Juni 1906, einem Sonntag, wie er in Blockschrift oben auf der kleinen Skizze vermerkte. Im Laufe von fast fünfzig Jahren entstanden von seinem Lieblingsmotiv 11 Ölbilder, über 80 Zeichnungen, Holzschnitte und Aquarelle, das letzte Blatt 1955 in New York, ein Jahr vor seinem Tod.

Die kräftig schraffierten Bleistift-Zeichnungen seiner ersten Weimar-Aufenthalte sind relativ detailgetreue Blätter, noch ganz in der realistischen Tradition des späten 19. Jahrhunderts. Feininger selbst hat diese Skizzen *"Natur-Notizen"* genannt und genau datiert, meist mit Ort, Wochentag und Jahr. Für ihn blieb das rasche konzentrierte Zeichnen vor dem Motiv immer sein wichtigstes Lebenselexier, die *"Seele der Kunst"*. An Julia schrieb er schon 1906: *"Ich halte nachgerade mehr von Notizen als von fertigen Studien, wenigstens für die Wiedergabe eines Eindrucks, den man später verarbeiten will ... das Bild steckt in der Notiz..."* Die *"Natur-Notizen"* waren sein Motiv-Reservoir, sein tagebuchartiges Erinnerungs-Archiv, Ausgangsmaterial für die späteren Transformationen in Gemälde, Aquarelle und Holzschnitte. Vor der Natur hat Feininger nie gemalt. Er brauchte neben dem zeitlichen auch meist einen räumlichen Abstand, um sein Seh-Erlebnis in die abstrahierende, kristalline Formensprache seiner Bilder zu verwandeln, in denen, trotz aller Brechungen, das ursprüngliche Natur-Vorbild immer sichtbar blieb. Schon früh konzentrierte er sich auf relativ wenige Bild-Themen wie Kirche, Haus oder Brücke, die für ihn seit seiner

Nieder-Grunstedt, 1911

Gelmeroda, 1923
Winzig erscheint die
Kirchturmspitze unter einem
bewegten Himmel.
Einer der seltenen Fernblicke
aus Feiningers Weimarer Zeit.

Kindheit symbolische Bedeutung hatten. Seit seinem ersten Besuch hat Feininger Weimar als die Stadt seines *"Lebenswunders"* empfunden, denn hier entschloss er sich als 35-jähriger *"vergnügter Greis"* (wie er sich selbst apostrophierte), den Sprung vom populären Karikaturisten zum unbekannten Maler zu wagen. Julia Berg, die er 1908 heiratete, half ihm dabei. Sie bestärkte ihn, sich von seiner auskömmlichen Existenz als Witzblatt-Zeichner zu lösen, vertraute auf seine eigen-

Brücke O.,1912
Die alte Steinbrücke über
die Ilm in Oberweimar.
die Feininger in 7 Gemälden
und zahreichen
Zeichnungen und Aquarellen
festgehalten hat.
Das Bild markiert den Beginn
seiner Auseinandersetzung
mit dem Kubismus.

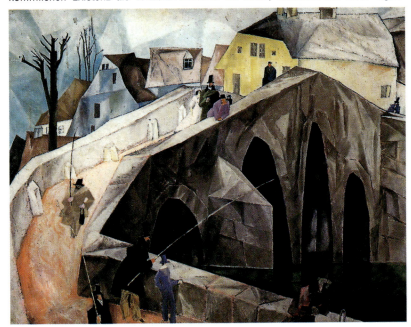

Gelmeroda VIII, 1921
Das Bild wurde 1930 im
Weimarer Landesmuseum
abgehängt,
1937 beschlagnahmt.
Heute befindet es sich im
Whitney Museum
of American Art in New York.

ständige künstlerische Kraft und gab ihm außerdem wichtige Impulse für die Auseinandersetzung mit den Motiven des Weimarer Landes. Durch Julia wurde Weimar für ihn zur "Märchenstadt", die er in den Datums-Angaben seiner Briefe zärtlich "Weimarlein" oder "Little Weimar" nannte.

In Weimar gelang ihm – nach mehreren Aufenthalten in Paris, wo er die Bilder Robert Delaunays und den Kubismus kennen gelernt hatte – schließlich auch eine Neuorientierung in seiner Malerei: Er löste sich mehr und mehr vom Natur-Vorbild und schuf sich, ohne zur "rein abstrakten Form" zu greifen, einen ganz persönlichen Kubismus, den er als "Prisma-ismus" bezeichnete.

Das Jahr 1913 hat er selbst als eigentlichen Wende-punkt, als "erste Reifeperiode" in seinem Künstler-dasein gesehen. Von März bis September lebte er allein und zurückgezogen in Weimar. Julia und die drei kleinen Söhne waren in Berlin geblieben.

Zu Fuß oder per Fahrrad – Feininger war ein pas-sionierter und ausdauernder Radler – erkundete er nun ganz systematisch die Dörfer der Umgebung. "Alt und verlassen" erschienen ihm damals die klei-nen Orte, deren schiefe, verwinkelte Häuserzeilen und schlichte Dorfkirchen mit ihren unverwechselbaren Turmhauben ihm einen Vorrat an einfachen Architektur-Formen anboten, die er ohne allzu große Veränderungen in seine Bilderwelt übertragen konnte. Die Motive aus dem Weimarer Land machen immerhin ein Fünftel sei-nes Werkes aus. An manchen Tagen legte er auf seinen Zeichen-Exkursionen bis zu 68 Kilometer zurück, bewegte sich aber meist in einem Umkreis von etwa 15 Kilo-metern rund um die Stadt.

Wohl in wenigen Regionen Deutschlands gab es eine solche Fülle alter Dörfer und Kirchen auf engstem Raum: "Ich zog im Zickzack von einem Ort zum anderen, und habe über zwanzig neue Ortschaften passiert... – Also, Bilder, Bilder habe ich unterwegs gesehen! Der Horizont schmolz im Aetherdunst, und eine Kirchturmspitze hinter der anderen im weiten Land tauchte hervor. Sie haben so viele Dörfer! Und jedes hat 'ne Kirche, und die meisten sind gelb mit Schieferspitze."

Seine Briefe an Julia enthalten zahlreiche und ausführliche "Wetter-Bilder", genaue Beschreibungen der Wolken und des Lichts, gesehen mit den Augen eines Land-schaftsmalers, der sich allerdings in seiner Weimarer Zeit mehr auf einzelne Bau-werke und Dorf-Ensembles als auf weiträumige Landschaftsdarstellungen konzen-triert hat.

Was hat den "Wildfremden", den "Americaner von Weimar", so nennt er sich einmal selbst, an der dörflichen Architektur rund um die Stadt fasziniert, was brachte ihn

Gelmeroda, 1955
Feiningers letztes, in New
York entstandenes Blatt mit
seinem Lieblingsmotiv.

Karneval in Gelmeroda II,
1908
Eines von Feiningers
so genannten
"Mummenschanz-Bildern",
mit Gelmeroda als
biedermeierlicher
Architektur-Kulisse.
Es ist sein erstes Gemälde mit
einem Motiv aus dem
Weimarer Land.

schließlich dazu, jenes umfassende Corpus von *"Deutschland-Bildern"* zu schaffen, das von den kleinen Dorfkirchen des Weimarer Landes über die mächtigen Kirchenbauten von Halle, Erfurt und Lüneburg bis zur hinterpommerschen Ostseeküste reicht und in der deutschen Kunst des 20. Jahrhunderts einzigartig dasteht?

Es war vor allem die für Feininger typische produktive Mischung aus Erinnerung und Sehnsucht, die zu den stärksten Antriebskräften seiner Kunst gehört. Wie sein Generationsgenosse Marcel Proust war auch er immer auf der *"Suche nach der verlorenen Zeit"*. Seine beiden Großväter stammten aus dem Badischen und waren, wie viele andere deutsche Demokraten, nach der gescheiterten Revolution von 1848

rechte Seite:
Meisterhaus Feininger,
Esszimmer, 1994

nach Amerika ausgewandert. Die Familien-Überlieferung tradierte ein Deutschland-Bild, das sich dem kleinen Léonell (so lautete sein Taufname) tief eingeprägt haben muss: das Bild einer geheimnisvollen *"old world"*, romantisch-biedermeierlich, mit durchaus skurrilen und bedrohlichen Zügen. Deshalb verwundert es nicht, dass Feininger in Deutschland auf die Suche nach alten verwunschenen Städten ging, dass er sich aus Berlin ins kleinstädtische Weimar zurückzog, in die melancholische Abgeschiedenheit der Dörfer, an deren kleinen würdevollen Kirchen Jahrhunderte gebaut hatten. Orte, in denen die Zeit stehen geblieben zu sein schien. Dabei wusste der Maler durchaus zwischen seiner Sehnsucht nach dem romantischen Deutschland und den Deutschen seiner wilhelminischen Gegenwart zu unterscheiden. Deren Dünkelhaftigkeit und antikünstlerisches Preußentum stießen ihn ab. Als er 1919 als erster *"Meister"* an das neugegründete Weimarer Bauhaus berufen wurde, setzte er seine ganze Hoffnung auf eine soziale und demokratische Entwicklung seines *"Adoptiv-Vaterlandes"*.

Aber diese Hoffnung verflog sehr rasch. Ausgerechnet seine *"Märchenstadt"* machte schon früh Front gegen die moderne Kunst und vertrieb das Bauhaus 1925 nach Dessau. *"Es hat ausgeweimart"*, schrieb er mit ironisch überspielter Enttäuschung an seine Frau. In Weimar sorgte schon bald darauf der erste nationalsozialistische Innenminister einer deutschen Landesregierung für die früheste Aktion *"Entartete Kunst"* und ließ 1930 auch Feiningers Bilder aus der Staatlichen Kunstsammlung im Weimarer Schloss entfernen.

Feiningers Interesse für die Weimarer Motive ließ dann auch in der zweiten Hälfte der 20er Jahre deutlich nach. Erst im amerikanischen *"Exil"* setzte wieder sein *"Memory at Germany"* ein, seine Erinnerungs- und Sehnsuchtsarbeit. Er lebe täglich mit seinen Weimarer und Thüringer Skizzen und träume immer von den 100 staubigen krummen thüringischen Dörfern, schrieb er noch 1954 aus New York.

Es entstanden transparente, schwerelose Versionen der alten Motive aus Mellingen, Gaberndorf oder Gelmeroda. Sie begleiteten ihn bis zu seinem Tod als Bilder aus einem *"Deutschland der guten Vergangenheit"*.

Günther Bergmann
arbeitet – nach seinem
Studium der Germanistik,
Geschichte und Philosophie in
Göttingen, Berlin und
München – seit 1968 als
Moderator, Redakteur und
Film-Autor für das Bayerische
Fernsehen, zurzeit in der
Redaktion Kunst.
Seine zahlreichen
Dokumentationen zur
Landschaftsmalerei
(u.a. "Die Entdeckung der
Landschaft – Albrecht Dürer
reist nach Venedig", 1994,
"Zeichenfieber". "Goethe als
Landschaftsmaler", 1995,
"Lyonel Feiningers
Deutschland-Bilder", 1997)
haben eine große Resonanz
beim Publikum gefunden.
Buchveröffentlichungen:
"Goethe. Der Zeichner und
Maler" (1999), "Claude
Lorrain: Das Leuchten der
Landschaft".

Lyonel Feininger in Dessau und Halle

Lutz Schöbe

Als das Staatliche Bauhaus Weimar mit Wirkung des 1. April 1925 für aufgelöst erklärt wird, und die Meister beschließen, nach Dessau überzusiedeln, da entschließt sich Feininger, trotz aller Vorbehalte angesichts einer *"zweiten Auflage des Bauhaus-Kampfes"*[1] und die Möglichkeit weiterhin in Weimar tätig sein zu können, den Wechsel nach Dessau mitzumachen, denn: *"Unsere (Bauhaus-) Gemeinschaft ist meine innerste Angelegenheit, der ich gar nicht untreu werden kann ..."*[2] Lyonel Feininger hat in den 6 Jahren seiner indirekten und direkten Beteiligung am Projekt Bauhaus Weimar einen bedeutenden Beitrag zur Festigung der Institution geleistet und durch seine Tätigkeit in der Druckerei dazu beigetragen, dass mit den dort erbrachten Leistungen ein wesentliches Kapitel zur Geschichte der modernen Druckgraphik geprägt wurde. Dennoch bleibt Feiningers Entscheidung, nach Dessau mitzugehen, widersprüchlich, denn seine innere Distanz zum Bahaus nimmt auch in Dessau zu. *"Es hat sich ausgeweimart, meine Herren, wir gehen jetzt dessauern!"*[3] Feiningers Umzug nach Dessau erfolgt am 30. Juli 1926. Er bezieht eines der von Gropius entworfenen Meisterhäuser. Zunächst, so scheint es, wohnt er mietfrei und bleibt ohne Lehrverpflichtung und Gehalt.[4] Dennoch wird er – wohl aus PR-Gründen – weiterhin als Meister geführt. Sein Nachbar in der Bauhaus-Siedlung ist für zwei Jahre Moholy-Nagy, den er menschlich sehr schätzt, fachlich jedoch *"Schablonen-Geistigkeit"* vorwirft.[5] Das neue Haus gefällt dem *"Artist-in-Residence, mit nur noch lockeren, eher atmosphärisch zu bestimmenden Relationen zum Bauhaus"*[6] ausnehmend gut, wie er im Brief an Julia vom 2. August 1926 berichtet. Hier, wie ebenso zuvor in Weimar, gefällt dem ordnungsliebenden Maler, der bis ins hohe Alter stehend malt, das Atelier ausnehmend gut. Die günstigen Lichtverhältnisse schätzt er sehr, kommt dies doch seinem Arbeitsideal, *"eine Reihe von Staffeleien nebeneinander stehen zu haben; auf jeder ein angefangenes Bild"* sehr entgegen.[7] Einen Nachteil der Häuser sieht er einzig in dem Umstand, dass sie immer von einer Menge Neugieriger angestarrt werden, und dass er im Winter das Unvermögen der Heizung ausgleichen muss.[8] Feiningers Biograph, Hans Hess, konstatiert für die Werke des Künstlers aus der Dessauer Zeit *"Ruhe und Freiheit"* sowie eine allmähliche Befreiung von dem nur

Th. Lux Feininger
Porträt Lyonel Feininger
Weimar 1926

"*Statischen*" und eine Auflockerung des Bildes von innen mittels Farbe, die damit eine neue Bedeutung gewinnt.[9] Er zählt ferner die Bilder, die in jener Zeit bis 1927 entstehen, zu den "*schönsten*" und "*poetischsten*" des Künstlers.[10] In Dessau pflegte Feininger seinen Jahresarbeitsrhythmus ebenso wie schon in den letzten Jahren in Weimar zu gestalten: Den Sommer verbringt er an der Ostsee (oft mit seinen Söhnen

Walter Gropius:
Meisterhäuser,
Doppelhaus von Laszlo
Moholy-Nagy und Lyonel
Feininger in Dessau, 1925/26
Foto: Lucia Moholy, 1926

und seiner Frau Julia) zeichnend, und im Winter malt und musiziert er im Dessauer Atelier und nimmt – zumindest teilweise – verschiedentlich am Bauhausleben teil. So besucht er, manchmal auch kostümiert, einige der Bauhausfeste, obgleich er ansonsten deutliche Distanz zur Schule wahrt. Er kann es jedoch nicht verhindern, dass er, ebenso wie schon zuvor in Weimar, von nicht wenigen Bauhäuslern besucht wird, die sein Werk und seine Persönlichkeit sehr zu schätzen wissen und ihn später[11] voller Stolz zu ihren Lehrern zählen. Feininger ist in Dessau viel freier als in Weimar. Schlemmer blickt nicht ohne Neid auf ihn, Kandinsky und Klee, die als "*glückliche Kollegen im Nebenhaus... ein relativ beschauliches Malerdasein führen...*"[12] Zu Beginn des Jahres 1927 erneuert Feininger seinen amerikanischen Pass; auch stand eine Reise in die USA an, um seine Staatsbürgerschaft dort zu erneuern; hatte er auf eine Zukunft in Amerika doch zeitlebens gehofft. Ein Besuch von Alfred Barr jr., dem späteren Gründer des Museum of Modern Art in New York, im selben Jahr bekräftigt diesen inneren Wunsch.

Feininger beteiligt sich rege am Ausstellungsgeschehen im In- und Ausland, und oft hat er nicht genügend Bilder, um allen Ausstellungsanfragen entsprechen zu können. Auch in Dessau stellt er aus, obwohl er der Stadt und ihrer Umgebung, ähnlich wie Schlemmer jedoch im Gegensatz zu Kandinsky und Klee, nur wenig abgewinnen kann. Offenbar spürt er hier, wo kaum mittelalterliche Bausubstanz aufzuspüren ist, nicht in genügendem Maße die Aura der Vergangenheit, die ihn noch in Weimar an den thüringischen Dörfern begeisterte und zu der lang ersehnten Höhe seiner

Lyonel Feininger,
"Architektur mit Sternen"
1927, Öl.

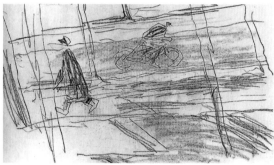

Lyonel Feininger,
"Fußgänger und
Fahrradfahrer in Dessau",
1930, Bleistiftzeichnung

metaphysischen Bildvorstellung geführt hatte. Und so verwundert es zunächst nicht, dass offenbar nur ein einziges Motiv, eine nächtliche Straße mit Mietshäusern, den Künstler während der Jahre 1925 bis 1932 in Dessau zu Zeichnungen und Gemälden anregt. Es handelt sich dabei um "Beleuchtete Häuser-Zeile I" von 1929 und um "Beleuchtete Häuser-Zeile II" von 1932.[13] Wie Andreas Hünecke berichtet, scheint Feininger hier erstmals Photographien, die er am 31. Oktober 1928 macht, als Malvorlagen zu benutzen.[14] Auf diese ungewöhnliche Weise versucht er offenbar ab 1928 in häufigen und ausgedehnten Gängen durch Dessau, sich der Stadt und ihrer Architektur zu nähern: "Heute Abend, gegen Dunkelwerden, ging ich mit dem Apparat, gleich ans Stativ gemacht, los und machte ca. 12 Aufnahmen von Nachtbildern, mit Laternen und beleuchteten Fenstern. Dessau hat nach und nach schon ein ganz anderes Gesicht für mich bekommen, seitdem ich so viel herumstreife und verschärft aufpasse, mit dem Apparat."[15] Besonders in Dessau beschäftigt sich Feininger, wohl angeregt durch seinen photographierenden Sohn Andreas und der zunehmenden Bedeutung, die das Medium am Bauhaus genießt, in stärkerem Maße mit der Photographie.[16] Bekannt ist ferner, das der Maler auch das Bauhausgebäude und die Meisterhäuser, teilweise von innen beleuchtet, photographiert und auf diese Weise versucht, sich der neuen Architektur der Zeit zu nähern. Es steht zu vermuten, dass neben denen des Mittelalters auch Bauten der Moderne, so etwa das Dessauer Bauhausgebäude, dem Künstler verschiedentlich als Motivvorlage für einige seiner Architekturbilder dienen. So legt besonders das heute im Besitz des Kunstmuseum

Bern befindliche Gemälde *"Architektur mit Sternen"* aus dem Jahre 1927 diese Vermutung nahe.

Ende der 20er Jahre fühlt sich Feininger in der Bauhausstadt von einer *"drohenden Erstarrung"* bedrängt, und er strebt danach, *"äußerlich wenigstens den Bruch mit Dessau herbeizuführen."*[17] Gropius war 1928 aus dem Bauhaus ausgeschieden, und den neuen Direktor Hannes Meyer interessiert Feininger nicht.[18] Hatte Ise Gropius 1927 schon festgestellt: *"die Zeit der Maler am Bauhaus scheint wirklich vorbei zu sein"*[19], so spitzt sich die Situation in Bezug auf den Stellenwert der Künstler am Bauhaus Ende der 20er Jahre mit der kritischen Position, die Hannes Meyer gegenüber der Kunst einnimmt, zu. Schließlich wirken auch die politischen Spannungen und die deprimierte Stimmung am Bauhaus auf Feiningers Gemütszustand ein. So

Lyonel Feininger, "Beleuchtete Häuser-Zeile I", 1929, Öl.

kommt im Frühjahr 1929 ein Auftrag, für die Stadt Halle eine Stadtansicht zu malen, gerade recht. *"Halle is the most delightful town"*.[20] Der Magistrat der Stadt Halle hatte 1928 beschlossen, für das Oberpräsidium in Magdeburg eine Stadtansicht als Repräsentationsgeschenk malen zu lassen. Vermittelt durch den Museumsdirektor Alois J. Schardt und dem kunstverständigen Oberbürgermeister Richard Robert Rive fällt die Wahl auf den in Dessau erfolgreich tätigen Bauhaus-Meister Lyonel Feininger. Dieser beginnt mit seiner Arbeit in Halle am 1. Mai 1929, und bis 1931 entstehen statt eines einzigen insgesamt 11 Gemälde und 29 Zeichnungen, die vom Magistrat der Stadt, der begeistert ist, schließlich für das Museum angekauft werden. Magdeburg indessen geht leer aus.

Feininger übernimmt zum ersten Mal einen derartigen Auftrag. Die Bedingungen sind ideal: Im Obergeschoss des Torturms der Moritzburg bekommt er ein Atelier in nahezu klösterlicher Abgeschiedenheit, was ihn in Verzückung geraten lässt: *"The tower is just beautiful and I can paint so well, with the light from the north and east, when the sun is closed off from the west. Halle is the most delightful town!"*[21] Wohnen wird er bei Museumsdirektor Schardt in der Händelstraße. Zwar ist Feininger mit dem Auftrag der Halle-Bilder zwei Jahre lang beschäftigt, dennoch verbringt er vergleichsweise nur wenige Monate in der Saale-Stadt.[22] Er hält vielmehr an seinem gewohnten Arbeitsrhythmus fest und verbringt die Sommer an der Ostsee, zeichnend, während er im darauf folgenden Herbst und Winter meist im Dessauer Atelier malt. Entgegen seiner Gewohnheit zunächst viel zu zeichnen, um danach Gemälde entstehen zu lassen, photographiert Feininger in Halle Straßen, Häuser, Kirchen und malt an einem völlig anderen Thema (Stiller Tag am Meer III). Die ersten Halle-Zeichnungen entstehen im Sommer in Deep nach den Photographien. Das nicht unumstrittene Arbeiten nach photographischen Vorlagen, das sich bei der Arbeit an früheren Bildern in Dessau bereits bewährt hatte, scheint auch für diese Arbeit zunächst erfolgversprechend zu sein: *"...je mehr ich photographiere, desto stärker entferne ich mich in meiner Zeichnung allem irgendwie Photographischem – ja, ich könnte fast von einer ganz*

Lyonel Feininger,
"Der Dom in Halle",
1931, Öl.

neuen Formstärke sprechen, einer Art verknöchertem Stil heraus ins Lebendige." [23] Im Verlaufe der Zeit jedoch stellen sich zunehmend Schwierigkeiten bei der künstlerischen Bewältigung zum Beispiel des Halleschen Dom-Motivs ein, die den Künstler wiederum an der Arbeit nach der photographischen Methode zweifeln und zudem erkennen lassen, dass der Halle-Auftrag nicht nur Spaß [24] gemacht hat: "Ich quäle mich mit dem Dom-Bild herum ... Nie wieder arbeite ich nach einem Photo; das ist ganz abscheulich und führt geradewegs ab von allem Bildlichen und von der Malerei überhaupt..."

Mit Fertigstellung der Bilder und Erfüllung des Auftrags ist eine der bedeutendsten Werkgruppen im Schaffen des Malers entstanden. Die Stadt, die er so oft durchstreift, bleibt Feininger in mehr als positiver Erinnerung: "... auf Halle ... lohnt sich's sehr zurückzublicken, und ich, der ich vielleicht mehr als die meisten Maler rückwärts und einwärts blicke, denke an Halle und an das schöne Museum Moritzburg. ...Wie

Die Moritzburg in Halle
mit Torturm, 80er Jahre

schön waren die Zeiten, als die Bilder der Stadt entstanden! ...Ja, ich denke mit heißer Sehnsucht an die Stadt zurück." [25] Als Feininger dies schreibt, ist bereits die braune Schreckensherrschaft über Deutschland hereingebrochen, infolge dessen das Bauhaus aus Dessau vertrieben und in Berlin endgültig geschlossen wird. Hatte Feininger noch zwei Jahre zuvor – die Halle-Bilder "bewältigt" – seinen 60. Geburtstag, der selbst am Bauhaus Anlass war, sich seiner zu erinnern [26], mit mehreren Einzelausstellungen in Berlin, Dresden und Essen sowie durch die Präsentation seiner Werke in den USA begehen können, so wandern nun seine Bilder in die "Schreckenskammer". Die 1929 entstandenen Überlegungen, nach Halle zu ziehen, an der Burg Giebichenstein von Gerhard Marcks die Druckerei zu übernehmen, bleiben über Jahre hinweg aktuell, werden aber nie realisiert. 1933 muss Lyonel Feininger die Dessauer Wohnung aufgeben. Er verbringt den Sommer in Deep, um im Herbst bei Freunden in Berlin zu wohnen. Vier schwierige Jahre sollten noch vergehen, bevor Feininger Deutschland verlässt und in die USA auswandert, wo er sein grandioses Werk vollendet.

Anmerkungen

1 Brief an Julia vom 13. Februar 1925. Zitiert nach Hans M. Wingler: Das Bauhaus , Bramsche, 3. Auflage 1975,
  S. 108.
2 Brief an Walter Gropius vom 6. September 1924. Zitiert nach Peter Hahn: Papileo. Lyonel Feininger als
  Bauhaus- Meister, in: Lyonel Feininger. Von Gelmeroda nach Manhattan, Berlin 1998, S. 269.
3 Brief an Julia vom 20. Februar 1925. Zitiert nach Hans M. Wingler: Das Bauhaus, Bramsche, 3. Auflage 1975,
  S.108.
4 Tagebuch Ise Gropius, Eintragung vom 26. März 1925. Zitiert nach Peter Hahn, wie Anmerkung 2, S. 270.
  Aus einem Brief vom 6.9.1932 an den Dessauer OB (Stadtarchiv Dessau) geht hervor, dass Feininger 1931 ein Bild
  an die Stadt Dessau verkauft hat und dafür seine Miete für 2 Jahre verrechnet werden soll. Im Haushalts-
  Vorschlag für das Bauhaus 1926/27 ist für Feininger ein Gehalt in Höhe von 2.500,– RM vorgesehen.
  Vgl. Hans M. Wingler, wie Anmerkung 1, S. 109.
5 Brief an Julia vom 9. März 1925. Zitiert nach Hans M. Wingler, wie Anmerkung 1, S. 109.
6 Peter Hahn, wie Anmerkung 2, S. 270.
7 Brief an Felix Klee vom 15. November 1952. Zitiert nach Florens
  Deuchler: Lyonel Feininger. Sein Weg zum Bauhaus-Meister, Leipzig 1996, S. 82.
8 Hans Hess: Lyonel Feininger, Köln 1959, Nachdruck 1991, S. 108. Alte Fotografien zeigen, dass Feininger einen
  alten Kohleofen in sein Atelier installiert hatte, um im Winter zusätzlich zur Zentralheizung Wärme erzeugen zu
  können. Siehe: Architektur und Kunst. Das Meisterhaus Kandinsky-Klee in Dessau.
  Anhaltische Gemäldegalerie Dessau/Leipzig, Abb. 10, S. 212.
9 Hans Hess, wie Anmerkung 8, S. 112.
10 Ebenda, S. 114.
11 Zu den Schülern Feiningers – ein bislang weitgehend unerforschtes Kapitel in der Feiningerrezeption – siehe:
  Bauhäuslerdatei im Archiv der Stiftung Bauhaus Dessau.
12 Oskar Schlemmer: Brief an W.B.D. vom 21.12.1926. In: Oskar Schlemmer, Briefe und Tagebücher,
  Hrsg. Tut Schlemmer, München 1958, S. 204.
13 Die Bilder befinden sich heute in den Staatlichen Kunstsammlungen Dresden, Gemäldegalerie Neue Meister und
  in der Sammlung Dötsch/Benziger, Basel.
14 Andreas Hünecke: Bildkommentar in: Lyonel Feininger. Von Gelmeroda nach Manhattan, Berlin 1998, S. 162.
15 Ebenda.
16 Es wird davon berichtet, dass Ende der zwanziger Jahre der Umgang mit der Kamera in der Familie Feininger so
  gang und gäbe war, dass man sich im Dessauer Heim nie ganz sicher fühlen konnte, weil man jederzeit
  gegenwärtig sein musste, von Lyonel Feininger oder einen seiner drei Söhne photographiert zu werden.
  Vgl. Andreas Hünecke: Feininger als Photograph, in: Lyonel Feininger. Die Halle-Bilder, München 1991, S. 90.
17 Brief an Julia vom 31. Mai 1931. Zitiert nach Peter Hahn, wie Anmerkung 2, S. 271.
18 Darüber berichtet Oskar Schlemmer in seinem Brief an O.M. vom 17. April 1927, wie Anmerkung 12, S. 207.
19 Tagebuch Ise Gropius, Eintragung vom 3. Februar 1927. Zitiert nach Peter Hahn, wie Anmerkung 2, S. 270/271.
20 Brief an Julia vom 21. Mai 1929. Zitiert nach: Lyonel Feininger. Die Halle-Bilder, München 1991, S. 105.
21 Ebenda.
22 Aus der Untersuchung von Andreas Hünecke (in Anmerkung 20), auf die sich die folgenden Ausführungen stützen,
  geht hervor, dass sich Feininger 1929 von Anfang Mai bis Anfang Juni und von Anfang Oktober bis Anfang
  Dezember, 1930 gar nicht und 1931 von März bis Mitte Mai in Halle aufhält. Die Übergabe der Bildserie erfolgt
  im Juni 1931, ohne dass Feininger anwesend ist.
23 Brief an Julia vom 31. Mai 1929. Zitiert nach: Anmerkung 20, S. 105.
24 Brief an Julia vom 23 Januar 1931. Zitiert nach Hans Hess, wie Anmerkung 8, S. 122.
25 Brief an Alois Schardt vom 16. Juli 1933. Zitiert nach : Anmerkung 20, S. 114.
26 Feiningers 60. Geburtstag war am Bauhaus 1931 mehrfach Tagesordnungspunkt in den Sitzungen des Beirates.
  Vgl.: Protokolle der Beiratssitzungen aus dem Jahr 1931 im Archiv der Stiftung Bauhaus Dessau.

Lutz Schöbe
*geboren 1955. Studium der
Kunstgeschichte und
Klassischen Archäologie
an der Humboldt-Universität
zu Berlin.
Abschluss als Diplom-
Kunstwissenschaftler.
Seit 1983 am Bauhaus
Dessau, heute Kurator und
wissenschaftlicher
Mitarbeiter an der Stiftung
Bauhaus Dessau mit den
Schwerpunkten Sammlung
und Bauhausgeschichte,
Ausstellungen und
Publikationen.*

linke Seite:
Meisterhaus Feininger,
Wohnzimmer,
Blick in die Nische, 1994

Brief von Ernst Engel
(geb. 1905)
aus Braunschweig
vom 5. November 1960
an seine Tochter
Renate Worbs
(jetzt wohnhaft
in Lauta)
über seine
Beziehungen zur
Familie Feininger.

Braunschweig, 5. Nov. 1960.

Liebe Renate!

Ich danke für Deinen Brief, der mir
zeigt, mit welchen Problemen Du jetzt
zu tun hast.

Es ist mir bedauerlich, daß ich Dir
nicht so verständlich – für Dich –
schreiben kann, wie ich es gern täte.
Du kannst einfach nicht alle meine
Gedankengänge verstehen, weil Dir die
Ausgangspunkte mancher Gedanken absolut unbekannt sein müssen. Trotzdem
will ich versuchen, so klar wie möglich
Deinen Brief zu beantworten.

Mit der Familie Feininger war ich
befreundet. Andreas hat mit mir zusammen in Zerbst die HTL (Hochbau)
absolviert. Wir wohnten mehrere Semester
in einem Zimmer. In Ferien und auch
später habe ich oft in Dessau bei Feininger
gewohnt und dort neben der Familie F.
auch die anderen Professoren-Familien
kennengelernt: Walter Gropius, W. Kandinsky,
Klee, Schlemmer, später Mies-van der Rohe
und andere. Am Bauhaus selbst habe

ich mit Unterbrechungen „gehört" (nicht eingeschrieben).

Lyonel Feininger war einer der vornehmsten und klügsten, dabei gütigsten Menschen, die mir je begegnet sind. Ich habe mich oft mit ihm unterhalten aber nie über Kunst. Für ihn war eben sein Dasein das künstlerische Schaffen und so selbstverständlich, daß er Definitionen nicht brauchte.

Er war auch nicht nur ein Maler (Kubist!), er war ein ganz bedeutender Violinvirtuose à la Franz v. Vecsey und Fr. Kreisler. Er liebte Bach über alles und meistens klang seine Atelier-Orgel schon, wenn wir morgens noch im Bett lagen.

Lucie Feininger, seine Frau, – sie war seine 2. Frau, von der 1. war er geschieden – war seinen 3 Kindern eine sehr gute Mutter. Er hieß zu Haus „Papi Leo".

Seine Kinder sind:

Andreas, der älteste, von dem ich später schreibe

Lucas, – (Lux), der nach Musikstudium nach Frankreich ging und dort noch als Maler tätig ist. Er war labil, sehr lebensfroh.

Thomas, Musiker, Musikwissenschaftler, der als einer der ganz wenigen Nicht-Katholiken lange im Musik-Archiv des Vatikans tätig war und zwar führend.

Sehr ernst und verschlossen.

Andreas hatte also genau meine Laufbahn.
Wir galten im Zerbst als kommende Leute.
Ich kam dann in den Jahren 1931-39
in unserem Beruf ganz gut zum Zuge,
aber nie wesentlich über das Mittelmaß
hinaus, wenn ich auch tatsächlich
Mitglied der Kammer der bildenden Künst
und Korresp. Mitglied der Akademie für
Bauwesen wurde. Damals war ich so.
etwas wie ein „bekannter" Architekt.
Heute habe ich den nötigen Abstand, um
zu erkennen, daß ich nie ein Künstler
war.
Andreas Feininger hat freischaffend unseren Beruf niemals ausgeübt. Durch
besondere Umstände ist er der Fotografie
verfallen. Heute ist er ein weltberühmter
Fotograf, er lebt in New-York und ist
u. a. Chef-Bildner der Riesen-Illustrierten
„Life". Auch als Verfasser von Lehrbüchern
ist er in der ganzen Welt bekannt, allein
in Deutschland gibt es fast 10 Lehr-
bücher der Fotografie von ihm. Er
spricht fließend 5 Sprachen und
schreibt seine Bücher jeweils original
in der Landessprache. Die Architektur
hat er an den Nagel gehängt.

Jetzt Deine Fragen über die Wege der Kunst. Hier kann man keine endgültige Form finden, denn wenn diese gefunden wäre, gäbe es keine Entwicklung mehr, sie würde „uni"-form und dann hätte man das, was man hierzulande mit Recht unfrei nennen würde.

Es gibt die verschiedensten Richtungen, die alle toleriert werden und wenn morgen jemand alles über den Haufen werfen würde und eine andere, noch nicht dagewesene Richtung einschlagen würde ...., nun, dann würde man ihn gewähren lassen, verdammen oder in den Himmel heben, aber nie verbieten oder auch nur ihm das Leben sauer machen. Die Kunst läßt sich nicht auf eine „endgültige Form" bringen, sie hat das nie getan.

Ich habe angedeutet, daß ein echter Künstler keine eindeutige, schulmeisterliche Erklärung für seine Kunst abgeben kann, das tun nur seine Zeitgenossen, die aus irgendwelchen Gründen eine solche brauchen oder finden müssen.

-3-

Formen, Farbkompositionen etc. zu finden oder gar festzulegen ist eine Farce, man kann bestenfalls eine Richtung durch Gleichklang erkennen, die durch gleiche oder ähnliche Anschauungen, entstanden durch ebensolche Lebensbedingungen und -auffassungen entsteht.

Ich würde gern Deine Wünsche nach Literatur über angewandte Kunst erfüllen, aber ich kann nicht wissen, was Du gern hättest, was Deiner Vorstellung entspricht.

Ebenso geht es mir mit den Schallplatten. Das Violinkonzert Nr 1. op. 26 von Max Bruch habe ich schon. Ich weiß aber, daß es auch bei Euch hervorragende Wiedergaben gibt.

Ich werde immer für Dich da sein, schreibe mir bitte öfter über alles, was Dich bewegt, bedenke aber dabei, das die Auffassungen unserer Lebenskreise sich – gelinde gesagt – in verschiedenen Ebenen bewegen.

Es würde mich und uns hier alle sehr freuen, wenn Du einmal nach hier zu Besuch kämen. Beide Teile würden sicher profitieren.

Herzlichste Grüße an alle und besonders an Dich

Dein Vati.

N.B. Es ist auch verboten, Bücher oder Schallplatten von hier nach dort zu schicken. Nicht von hier aus. Erkundige Dich doch bitte einmal, ob und wie ich sie Dir schicken kann.

Aber Du hast doch sicher einen materiellen Wunsch, den ich Dir gern, sehr gern, auch wenn er dick ist, erfüllen möchte. Schreibe ihn mir bald.

Die Eröffnung des restaurierten Meisterhauses Feininger
am Samstag, 3. 12. 1994

Nach sorgfältiger und gründlicher Restaurierung konnte das Meisterhaus Feininger im Rahmen der Geburtstagsfeiern für das Bauhaus am 3./4. Dezember wiedereröffnet werden. Zur Feier dieses Ereignisses hatte der Oberbürgermeister eingeladen. Neuer Nutzer des Hauses wurde das ein Jahr zuvor gegründete Dessauer Kurt-Weill-Zentrum, das bis heute seinen Sitz hier hat.

Es ist interessant, einige Zeitdokumente zu studieren.
Wir drucken deshalb folgende ab:

Erdmute Siegfried
geboren 1926 in Leipzig.
Studium der Kunstge-
schichte, Klassischen
Archäologie und Vor- und
Frühgeschichte in Heidelberg,
Zürich, Göttingen.
1955 Promotion zum Dr. phil.
Seit 1992 ehrenamtliche
Mitarbeiterin im Kulturamt
Dessau, seit 1994
im Kurt-Weill-Zentrum
und Feiningerhaus.

– Presseinformation der Pressestelle der Stadt Dessau vom 11.11.94,
– Einladung des Oberbürgermeisters an wichtige Personen vom 11.11.94,
– Programm des festlichen Beisammenseins und
– Besprechung des gesamten Ereignisses in der *"Mitteldeutschen Zeitung"* vom 3.12.94.

STADT
DESSAU

Presseinformation   11.11.1994

Erstes Meisterhaus in Dessau originalgetreu restauriert

Die Meisterhäuser zählen zum wertvollsten Denkmalbestand der Stadt Dessau, auch wenn dies nach diversen Umbauten, Kriegszerstörungen und jahrzehntelanger Vernachlässigung nurmehr geübte Betrachter zu erkennen vermögen. Von Walter Gropius für die vom "Staatlichen Bauhaus Weimar" mit nach Dessau übergesiedelten "Meister" entworfen, waren sie 1925/26 zeitgleich mit dem Bauhausgebäude errichtet worden. Laszlo Moholy-Nagy, Lyonel Feininger, Oskar Schlemmer, Paul Klee und Wassily Kandinsky hießen die prominenten Mieter der Meisterhäuser, die damals im Eigentum der Stadt Dessau waren und dies heute wieder sind.

Die Sünden der Vergangenheit wiedergutzumachen und das gesamte architektonische Erbe der späten 20er Jahre zu pflegen, ist seit der Wende das erklärte Ziel der Bauhaus-Stadt. Eines der ersten Ergebnisse kann nun der Öffentlichkeit übergeben werden: Ein auf der Basis von wissenschaftlichen Voruntersuchungen originalgetreu restauriertes Meisterhaus, besser gesagt: die einst von Lyonel Feininger bewohnte Hälfte dieses Hauses. Die andere Hälfte wurde im Krieg stark beschädigt und ist heute nicht mehr vorhanden.

Zur Eröffnung am 3. Dezember 1994 um 17 Uhr
möchten wir Sie herzlich einladen

Neuer Mieter wird das vor einem Jahr gegründete Dessauer Kurt-Weill-Zentrum sein, die in Europa einzige Institution, die sich um Leben und Werk des in Dessau geborenen Komponisten kümmert, übrigens mit Unterstützung der New Yorker Kurt-Weill-Foundation.

Bereits vor der offiziellen Eröffnung besteht Gelegenheit, das Meisterhaus zu besichtigen. Um 16.30 Uhr möchten wir Ihnen dann bei einer Pressekonferenz im Atelier des Hauses das Programm des Kurt-Weill-Fests `95 vorstellen.

Ein Kammerkonzert in der Aula des Bauhauses mit Kompositionen der 20er Jahre schlägt am Abend die Brücke zum Geburtstag des Bauhausgebäudes am 4. Dezember. Aus diesem Anlaß werden an diesem Tag verschiedene Ausstellungen eröffnet. Die Einladung dazu wird die Stiftung Bauhaus Dessau selbst aussprechen.

Weitere Einzelheiten gehen aus dem beiliegenden Programm hervor. Für Fragen stehe ich gerne zur Verfügung.

Pressestelle der Stadt Dessau · Gisela Hüttinger · Telefon 03 40 / 204 -1301 · Telefax 03 40 / 204 29 90

Presseinformation

Erstes Meisterhaus in Dessau originalgetreu restauriert

Die Meisterhäuser zählen zum wertvollsten Denkmalbestand der Stadt Dessau, auch wenn dies nach diversen Umbauten, Kriegszerstörungen und jahrzehntelanger Vernachlässigung nur mehr geübte Betrachter zu erkennen vermögen. Von Walter Gropius für die vom "Staatlichen Bauhaus Weimar" mit nach Dessau übergesiedelten "Meister" entworfen, waren sie 1925/26 zeitgleich mit dem Bauhausgebäude errichtet worden. Laszlo Moholy-Nagy, Lyonel Feininger, Oskar Schlemmer, Paul Klee und Wassily Kandinsky hießen die prominenten Mieter der Meisterhäuser, die damals im Eigentum der Stadt Dessau waren und dies heute wieder sind.

Die Sünden der Vergangenheit wieder gutzumachen und das gesamte architektonische Erbe der späten 20er Jahre zu pflegen, ist seit der Wende das erklärte Ziel der Bauhaus-Stadt. Eines der ersten Ergebnisse kann nun der Öffentlichkeit übergeben werden: Ein auf der Basis von wissenschaftlichen Voruntersuchungen originalgetreu restauriertes Meisterhaus, besser gesagt: die einst von Lyonel Feininger bewohnte Hälfte dieses Hauses. Die andere Hälfte wurde im Krieg stark beschädigt und ist heute nicht mehr vorhanden.

Zur Eröffnung am 3. Dezember 1994 um 17 Uhr möchten wir Sie herzlich einladen.

Neuer Mieter wird das vor einem Jahr gegründete Dessauer Kurt-Weill-Zentrum sein, die in Europa einzige Institution, die sich um Leben und Werk des in Dessau geborenen Komponisten kümmert, übrigens mit Unterstützung der New Yorker Kurt Weill-Foundation.

Bereits vor der offiziellen Eröffnung besteht Gelegenheit, das Meisterhaus zu besichtigen. Um 16.20 Uhr möchten wir Ihnen dann bei einer Pressekonferenz im Atelier des Hauses das Programm des Kurt-Weill-Festes '95 vorstellen.

Ein Kammerkonzert in der Aula des Bauhauses mit Kompositionen der 20er Jahre schlägt am Abend die Brücke zum Geburtstag des Bauhausgebäudes am 4. Dezember. Aus diesem Anlass werden an diesem Tag verschiedene Ausstellungen eröffnet. Die Einladung dazu wird die Stiftung Bauhaus Dessau selbst aussprechen.

Weitere Einzelheiten gehen aus dem beiliegenden Programm hervor. Für Fragen stehe ich gerne zur Verfügung.

Pressestelle der Stadt Dessau, Gisela Hüttinger

A76890 13.

Ē 1531 Neu
Zeit

RATHAUS ZERBSTER STRASSE POSTFACH 176 06813 DESSAU

DER OBERBÜRGERMEISTER

Denkmalpflegeamt
Herrn Valteich

Dessau, den 11.11.94

Ihre Zeichen	Ihre Nachricht vom	Unser Zeichen	Telefon	Datum

E i n l a d u n g

ich erlaube mir, Sie zur Eröffnung des restaurierten
Meisterhauses

L y o n e l   F e i n i n g e r

in Dessau, Ebertallee 63, am 3. Dezember 1994, um 17.00 Uhr
einzuladen.

Im Jahre 1926 erfüllte sich der Traum des Architekten Walter
Gropius, eine Siedlung für die Meister des Bauhauses zu erstellen. Nur sechs Jahre lang wurden diese Häuser so genutzt, wie der Erbauer und die ersten Bewohner es sich gedacht hatten: schon 1933 begann die fortschreitende Veränderung, Entstellung, Zerstörung von innen und außen.

Der Stadt Dessau ist es nun gelungen, das erste Meisterhaus
vollständig zu restaurieren, ihm seine eigentliche Form
weitestgehend zurückzugeben, Uns so ein sichtbares Zeugnis
des Bauhausgedankens wieder zum Leben zu erwecken. Als
erster neuer Bewohner wird das Dessauer KURT-WEILL-ZENTRUM
einziehen. Wir hoffen auf zusätzliche baldige Nutzung durch
die Bilder, Graphiken und Kleinplastiken von Arbit Blatas.

Wir freuen uns über die Fertigstellung des Feininger-Hauses
und möchten Sie gern an dieser Freude teilnehmen lassen. Mit
dieser Einladung möchte die Stadt auch danken für alle Arbeit und Hilfe, für alles Mitdenken, alles Interesse, alle
Begleitung auf dem langen, oft mühsamen Wege, der schließlich zum Erfolg geführt hat.

TELEFON (03 40) 70 51
BANKVERBINDUNG:
STADTSPARKASSE DESSAU
BLZ 800 53572
KTO.NR. 30 005 000

Ihre Zu- oder Absage erbitten wir bis zum 28. November 1994.
an das KURT-WEILL-Zentrum, Tel.-Nr. 0340 619595.

In der Hoffnung, Sie am 03. Dezember begrüßen zu können,
verbleibe ich

mit freundlichen Grüßen

H.-G. Otto

Einladung

Stadt Dessau
Der Oberbürgermeister

Ich erlaube mir, Sie zur Eröffnung des restaurierten Meisterhauses

L y o n e l   F e i n i n g e r

in Dessau, Ebertallee 63, am 3. Dezember 1994, um 17.00 Uhr einzuladen.

Im Jahre 1926 erfüllte sich der Traum des Architekten Walter Gropius, eine
Siedlung für die Meister des Bauhauses zu erstellen. Nur sechs Jahre lang wurden
diese Häuser so genutzt, wie der Erbauer und die ersten Bewohner es sich gedacht
hatten: Schon 1933 begann die fortschreitende Veränderung, Entstellung,
Zerstörung von innen und außen.

Der Stadt Dessau ist es nun gelungen, das erste Meisterhaus vollständig zu
restaurieren, ihm seine eigentliche Form weitestgehend zurückzugeben, und so
ein sichtbares Zeugnis des Bauhausgedankens wieder zum Leben zu erwecken.
Als erster neuer Bewohner wird das Dessauer KURT-WEILL-ZENTRUM einziehen.
Wir hoffen auf zusätzliche baldige Nutzung durch die Bilder, Graphiken und
Kleinplastiken von Arbit Blatas.

Wir freuen uns über die Fertigstellung des Feininger-Hauses und möchten Sie gern
an dieser Freude teilnehmen lassen. Mit dieser Einladung möchte die Stadt auch
danken für alle Arbeit und Hilfe, für alles Mitdenken, alles Interesse, alle Begleitung
auf dem langen, oft mühsamen Wege, der schließlich zum Erfolg geführt hat.

Ihre Zu- oder Absage erbitten wir bis zum 28. November 1994
an das KURT-WEILL-ZENTRUM, Tel.-Nr. 0340-619595.

In der Hoffnung, Sie am 3. Dezember begrüßen zu können,
mit freundlichen Grüßen
H.-G. Otto

Meisterhaus

PROGRAMM

zur

Eröffnung des Meisterhauses Feininger

und zum Einzug des

Kurt-Weill-Zentrums

Herausgeber:
Kulturamt Dessau
Amt für Denkmalpflege
Kurt-Weill-Zentrum Dessau
Pressestelle der Stadt Dessau

Samstag, 3.12. 1994, 17 Uhr

Lyonel Feininger
(1871 - 1956)

Fuge in D-Dur für Orgel (1927 in Dessau entstanden) bearbeitet für Klavier von David Leighton

Ausführender: David Leighton, Klavier

Ansprache des Oberbürgermeisters der Stadt Dessau Hans-Georg Otto

Ansprache des Abteilungsleiters für Bildung und Kultur im Regierungspräsidium Dessau Wolfgang Laczny

Kurt Weill
(1900 - 1950)

aus dem Frauentanz, op. 10 (Liedzyklus nach sieben mittelalterlichen Gedichten):

I   Wir haben die winterlange Nacht (Dietmar von Aiste)
II Wo zwei Herzeliebe an einem Tanze gan (Unbekannt)
III Ach wär mein Lieb ein Brünnlein kalt (Unbekannt)

Ausführende: Getrud Hoffstedt, Sopran
David Leighton, Klavier

Ansprache des Leiters des Denkmalpflegeamts der Stadt Dessau Dr.-Ing. Wolfgang Paul

Ansprache des Direktors der Stiftung Bauhaus Dessau Professor Dr. Dr. Rolf Kuhn

Kurt Weill
(1900- 1950)

aus dem Frauentanz, op. 10

IV   Dieser Stern im Dunkeln (Der von Kürenberg)
V   Eines Maienmorgens schön (Herzog Johann v. Brabant)
VI   Ich will Trauern lassen stehn (Unbekannt)
VII Ich schlaf, ich wach (Unbekannt)

Ausführende: Gertrud Hoffstedt, Sopran
David Leighton, Klavier

anschließend: Gelegenheit zur Besichtigung des Hauses und der Ausstellung

PROGRAMM zur Eröffnung des Meisterhauses Feininger
und zum Einzug des Kurt-Weill-Zentrums
Samstag, 3.12.1994, 17 Uhr

Herausgeber: Kulturamt Dessau, Amt für Denkmalpflege
Kurt-Weill-Zentrum Dessau, Pressestelle der Stadt Dessau

Lyonel Feininger (1871–1956) Fuge in D-Dur für Orgel
(1927 in Dessau entstanden)
bearbeitet für Klavier von David Leighton
Ausführender: David Leighton, Klavier

Ansprache des Oberbürgermeisters der Stadt Dessau
Hans-Georg Otto

Ansprache des Abteilungsleiters für Bildung und Kultur im
Regierungspräsidium Dessau Wolfgang Laczny

Kurt Weill (1900–1959) aus dem Frauentanz op. 10
(Liedzyklus nach sieben mittelalterlichen Gedichten)

I   Wir haben die winterlange Nacht (Dietmar von Aiste)

II   Wo zwei Herzeliebe an einem Tanze gan (Unbekannt)

III Ach wär mein Lieb ein Brünnlein kalt (Unbekannt)
        Ausführende: Gertrud Hoffstedt, Sopran, David Leighton, Klavier

Ansprache des Leiters des Denkmalpflegeamtes der Stadt Dessau
Dr.-Ing. Wolfgang Paul

Ansprache des Direktors der Stiftung Bauhaus Dessau
Professor Dr. Dr. Rolf Kuhn

Kurt Weill aus dem Frauentanz, op. 10
(1900–1959)

IV Dieser Stern im Dunkeln (Der von Kürenberg)

V   Eines Maienmorgens schön
        (Herzog Johann v. Brabant)

VI Ich will Trauern lassen stehn
        (Unbekannt)

VII Ich schlaf, ich wach (Unbekannt)

Ausführende: Gertrud Hoffstedt, Sopran
David Leighton, Klavier

anschließend:
Gelegenheit zur Besichtigung des Hauses und der Ausstellung

Architektur

M 7 3.12.94

Der Schock der Farbe im leuchtenden Kubus

Dessau erinnert sich der „Meisterhäuser" - Erster restaurierter Bau wird heute eröffnet

Von unserem Redakteur
GÜNTER KOWA

Dessau/MZ. In langen Abständen zwar, aber doch Schritt für Schritt, lebt in Dessau das vor Ort noch immer unterschätzte Bauhaus-Erbe wieder auf. Heute wird das erste Exemplar der Kolonie von „Meisterhäusern" im Originalzustand wiedereröffnet, die 1925-1926 die erste Generation der Bauhaus-Professoren in einem Kiefernwäldchen unweit des legendären Bauhaus-Gebäudes errichtet hatte. Von den ehemals drei Doppelhäusern und einem Einzelhaus, das Gropius erbaute, stehen nach Kriegsschäden noch zwei Doppelhäuser und eine Doppelhaushälfte. Diese ist es, die mit rund zwei Millionen Mark aus öffentlichen Fördertöpfen nunmehr an frühere Glanzzeiten erinnert.

Die Verwandlung eines durch Eingriffe entstellten und zuletzt zur Baufälligkeit verwahrlosten Hauses läßt schon bei der ersten Annäherung den Atem stocken. Aus dem jämmerlichen Schatten seiner selbst, nachvollziehbar an den ähnlich verkommenen Nachbarhäusern, ist ein leuchtend weißer Kubus geworden. Die ineinander verschränkten Volumina haben wieder messerscharfe Umrisse. Sie werden erneut durchgliedert von großflächigen Glasfenstern des Ateliertrakts und des Treppenhauses; zum Garten hin von schlanken Balkonen mit linearen Geländern und in die glatte Fläche eingeschnittenen Fenstern.

Unvorbereitet trifft das Auge der Schock der Farbigkeit dieses Bauwerks. Das klinische Bauhaus-Weiß, das die historischen Fotos suggerieren, ist in Wahrheit Folie für ungebremstes Experimentieren mit Farbklängen und gewagten Akzenten. Mit dem Rückgewinn von Form und Gestalt durch die Restaurierung des Hauses geht die Offenbarung seiner Farbkompositionen einher. Diese aufzuspüren war das Ziel akribischer Untersuchungen, die für die Gründlichkeit der hier praktizierten bauhistorischen Forschung sprechen. Hie und da haben die Restauratoren Streifen freigelegter Farbschichten stehen lassen.

Der Wille zur Farbigkeit kündigt sich am Außenbau durch einzelne Töne an: die knallroten Fallrohre etwa, und die blauen Fensterlaibungen. Im Innern erklärt sich der Baukörper sodann als eine Folge farblich komponierter Räume, die zwischen Exzentrik und Vornehmheit pendeln.

Auf das zu erwartende Schauspiel stimmt schon das Treppenhaus ein, wo man zwischen dunkelbauen Brüstungen auf blauem Belag hinaufschreitet, die Hand am roten Geländer. Fläche steht gegen Fläche, im Wechsel meist von nuancierten Gelb- oder Blauakkorden. Das braucht Gewöhnung; besonders in einem der oberen Zimmer, wo gelbe Wände auf einen blauen Randstreifen treffen, und selbst der Blick ins Grüne an einem hellblauen Fensterkreuz und roten Fensterlaibungen vorbei muß. Nur das lichterfüllte Atelier gibt sich als eine neutrale Zone von Grautönen.

Wiederhergestellt ist nicht nur die Farbigkeit, sondern vieles von dem Einrichtungsdetail der Ursprungszeit. Das fängt an bei den Türklinken und den Radiatoren und gipfelt in den Kippmechanismen der großen Glasfenster. Da sind die Einbauschränke und die Küchendurchreiche, die dem Neuen Bauen das Neue Wohnen einverleibten. Die Restauratoren konnten sich stützen auf einzeln vorhandene Originalteile oder zufällige Funde; doch das meiste mußte aus Fotos und anderen Belegen geschlossen werden. Moderne Kopien von Bauhaus-Mobiliar sollen die Räume nach und nach beleben, wenn auch in Bad und Küche kleinere Stilbrüche nicht zu vermeiden sind.

Der Maler Lyonel Feininger war einst der erste Bewohner des Hauses. Jetzt tritt das von der Stadt Dessau gegründete Kurt-Weill-Zentrum die Nachfolge an. Damit ist eine in Dessau vernachlässigte Bautradition mit einer in Dessau vergessenen Musiktradition eins geworden; ein Zeichen wiedergefundenen guten Willens?

Der kühle Glanz des zwischen Kiefern versteckten Kubus läßt die magnetische Wirkung der einst komplett wiederhergestellten Meisterhausreihe erahnen. Die Wechselwirkung mit dem nahen Bauhausbau und seinen Institutionen eröffnet unausgeschöpfte Möglichkeiten. Der wissenschaftliche, kulturelle und touristische Wert dieser in der und für die Welt einzigartigen Häuserreihe ist kaum hoch genug anzusetzen.

Die Eröffnung des Meisterhauses in der Dessauer Ebertallee 63 findet heute um 15.30 Uhr statt.

Mitteldeutsche Zeitung
KULTUR, Architektur

Der Schock der Farbe im leuchtenden Kubus
Dessau erinnert sich der "Meisterhäuser" – Erster restaurierter Bau wird heute
eröffnet.

Von unserem Redakteur GÜNTER KOWA

Dessau/MZ
In langen Abständen zwar, aber doch Schritt für Schritt, lebt in Dessau das vor Ort
noch immer unterschätzte Bauhaus-Erbe wieder auf. Heute wird das erste Exemplar
der Kolonie von "Meisterhäusern" im Originalzustand wiedereröffnet, die 1925–1926
die erste Generation der Bauhaus-Professoren in einem Kiefernwäldchen unweit des
legendären Bauhaus-Gebäudes errichtet hatte.
Von den ehemals drei Doppelhäusern und einem Einzelhaus, das Gropius erbaute,
stehen nach Kriegsschäden noch zwei Doppelhäuser und eine Doppelhaushälfte.
Diese ist es, die mit rund zwei Millionen Mark aus öffentlichen Fördertöpfen
nunmehr an frühere Glanzzeiten erinnert.

Die Verwandlung eines durch Eingriffe entstellten und zuletzt zur Baufälligkeit
verwahrlosten Hauses lässt schon bei der ersten Annäherung den Atem stocken.
Aus dem jämmerlichen Schatten seiner selbst, nachvollziehbar an den ähnlich
verkommenen Nachbarhäusern, ist ein leuchtend weißer Kubus geworden.
Die ineinander verschränkten Volumina haben wieder messerscharfe Umrisse. Sie
werden erneut durchgliedert von großflächigen Glasfenstern des Ateliertraktes und
des Treppenhauses – zum Garten hin von schlanken Balkonen mit linearen
Geländern und in die glatte Fläche eingeschnittenen Fenstern.

Unvorbereitet trifft das Auge der Schock der Farbigkeit dieses Bauwerks.
Das klinische Bauhaus-Weiß, das die historischen Fotos suggerieren, ist in
Wahrheit Folie für ungebremstes Experimentieren mit Farbklängen und gewagten
Akzenten.
Mit dem Rückgewinn von Form und Gestalt durch die Restaurierung des Hauses
geht die Offenbarung seiner Farbkompositionen einher. Diese aufzuspüren, war das
Ziel akribischer Untersuchungen, die für die Gründlichkeit der hier praktizierten
bauhistorischen Forschung sprechen. Hie und da haben die Restauratoren Streifen
freigelegter Farbschichten stehen lassen.

Der Wille zur Farbigkeit kündigt sich am Außenbau durch einzelne Töne an:
die knallroten Fallrohre etwa, und die blauen Fensterlaibungen. Im Innern
erklärt sich der Baukörper sodann als eine Folge farblich komponierter Räume,
die zwischen Exzentrik und Vornehmheit pendeln.

Auf das zu erwartende Schauspiel stimmt schon das Treppenhaus ein,
wo man zwischen dunkelblauen Brüstungen auf blauem Belag hinaufschreitet,
die Hand am roten Geländer. Fläche steht gegen Fläche, im Wechsel meist von
nuancierten Gelb- oder Blauakkorden. Das braucht Gewöhnung, besonders in
einem der oberen Zimmer, wo gelbe Wände auf einen blauen Randstreifen treffen,
und selbst der Blick ins Grüne an einem hellblauen Fensterkreuz und roten Fenster-
laibungen vorbei muss. Nur das lichterfüllte Atelier gibt sich als eine neutrale Zone
von Grautönen.

Wiederhergestellt ist nicht nur die Farbigkeit, sondern vieles von dem Einrichtungsdetail der Ursprungszeit. Das fängt an bei den Türklinken und den Radiatoren und
gipfelt in den Kippmechanismen der großen Glasfenster.
Da sind die Einbauschränke und die Küchendurchreiche, die dem Neuen Bauen das
Neue Wohnen einverleibten. Die Restauratoren konnten sich stützen auf einzeln-
vorhandene Originalteile oder zufällige Funde; doch das meiste musste aus Fotos
und anderen Belegen geschlossen werden. Moderne Kopien von Bauhaus-Mobilar
sollen die Räume nach und nach beleben, wenn auch in Bad und Küche kleinere
Stilbrüche nicht zu vermeiden sind.
Der Maler Lyonel Feininger war einst der erste Bewohner des Hauses.
Jetzt tritt das von der Stadt Dessau gegründete Kurt-Weill-Zentrum die Nachfolge
an. Damit ist eine in Dessau vernachlässigte Bautradition mit einer in Dessau
vergessenen Musiktradition eins geworden; ein Zeichen wiedergefundenen guten
Willens?
Der kühle Glanz des zwischen Kiefern versteckten Kubus lässt die magnetische
Wirkung einer dereinst komplett wiederhergestellten Meisterhausreihe erahnen.
Die Wechselwirkung mit dem nahen Bauhausbau und seinen Institutionen eröffnet
unausgeschöpfte Möglichkeiten. Der wissenschaftliche, kulturelle und touristische
Wert dieser in der und für die Welt einzigartigen Häuserreihe ist kaum hoch genug
anzusetzen.
Die Eröffnung des Meisterhauses in der Dessauer Ebertallee 63 findet heute um
15.30 Uhr statt.

Kurt Weill und Dessau

Andreas Altenhof

1992 stand der Verfasser mit der Schauspielerin Regula Steiner und dem Trompeter Norbert Messing in der Kurt-Weill-Straße. Zu den Klängen des *Mackie Messer-Songs* wurden Passanten befragt, ob sie den Song und seinen Komponisten kennen würden. Neben Unkenntnis und falschen Angaben fielen zwei junge amerikanische Missionare auf, die nicht nur die Fragen richtig beantworteten, sondern sogar unbekanntere Werke Kurt Weills kannten.

Diese nicht nur für Dessau typische Ausgangssituation veranlassten die Stadt Dessau, engagierte Bürger und die in New York ansässige Kurt Weill Foundation for Music mit vielfältigen Aktivitäten Dessau zum Ausgangspunkt und Zentrum der Pflege des Werkes von Kurt Weill zu machen, der hier im Jahre 1900 als Sohn des jüdischen Kantors das Licht der Welt erblickte.

Kurt Weill

Die musikalische Begabung des dritten Kindes von Emma und Albert Weill muss seinen Eltern früh aufgefallen sein, denn schon im Alter von sechs Jahren erhielt Kurt Julian ersten Klavierunterricht beim Vater, später beim damaligen Kapellmeister des Dessauer Hoftheaters Albert Bing. Mit 10 Jahren durfte er auf herzoglichen Erlass hin alle Proben und Aufführungen des Theaters besuchen. Aus dieser Zeit stammen auch erste erhalten gebliebene Kompositionen wie das *Reiterlied*.

Kurt Weill, 1920

In den darauffolgenden Jahren folgten Liederzyklen wie *Ofrahs Lieder* (nach Gedichten des jüdischen Dichters Jehuda Halevi), erste Instrumentalwerke und – vielleicht entscheidend für die Prägung des späteren Theaterkomponisten – das Engagement des gerade erst sechzehnjährigen Kurt Weill als außerplanmäßiger Korrepetitor am Dessauer Theater. Mit achtzehn verlässt er seine Heimatstadt, um in Berlin bei Engelbert Humperdinck Komposition und bei Rudolf Krasselt Dirigieren zu studieren. Die politisch explosive Lage Berlins im November 1918 beschäftigt den jungen Dessauer sehr und veranlasst ihn in einem Brief an seinen Bruder Hans zu der fast prophetischen Voraussage, dass "... die Juden von jeder Partei, die bedrängt wird, als wirksames Ableitungsmittel benutzt werden. Dagegen können wir natürlich arbeiten, besonders indem wir bürgerlich oder höchstens mehrheitssozialistisch wählen. Eine

Politik, wie sie die deutschen Staatsbürger jüd.[ischen] Gl[aubens] treiben, die allem Geschehen gut zuschauen wollen, ist unmöglich."[1] Trotz der widrigen Umstände widmet er sich ganz seinem Studium und stürzt sich in das reiche kulturelle Leben der Metropole.

1919 zwingt ihn die finanzielle Lage der Familie zum vorzeitigen Abbruch des Studiums und zur Rückkehr nach Dessau. Dort wird er am Theater abermals Korrepetitor unter dem neuen Kapellmeister Hans Knappertsbusch. Wachsende Spannungen mit dem berühmten Dirigenten veranlassen Weill allerdings, sich schon in der nächsten Spielzeit auf die ausgeschriebene Stelle eines Kapellmeisters am Stadttheater Lüdenscheid zu bewerben, die er auch für die Spielzeit 1919/1920 erhält. Seine neue Tätigkeit beschreibt er so: "... Ich habe Ostern folgende Aufgaben: Sonnt. nachm. *Fledermaus*, abend *Cavalleria*, Montag nachm. *Zigeunerbaron*, ab. *O schöne Zeit* (Uraufführung). Du kannst dir denken, was ich diese Woche für Arbeit habe...."[2] Durch die chaotischen Zustände dieser "Schmiere" lernt er aber auch nach eigenen Worten "...alles, was ich über das Theater weiß."[3]

Nach Beendigung der Spielzeit im November 1920 wechselt er erneut nach Berlin, um sein Kompositionsstudium wieder aufzunehmen, diesmal allerdings als einer der fünf Meisterschüler des zu dieser Zeit hoch angesehenen Komponisten Ferruccio Busoni. In den zwei Jahren seines Studiums entsteht neben weiteren instrumentalen Werken wie der *Sinfonie Nr. 1* und dem Streichquartett op. 8 auch die Ballettpantomime *Die Zaubernacht*. Dieses Werk sollte für den jungen Komponisten in mehrfacher Hinsicht wegweisend sein: Bei einer der Aufführungen lernte er seine spätere Ehefrau Lotte Lenya und den Dramatiker Georg Kaiser kennen. Mit letzterem sollte er den Operneinakter *Der Protagonist* schreiben, welcher 1926 in Dresden mit großem Erfolg uraufgeführt wurde und Weills Ruf als Opernkomponist begründete. Ein Kennzeichen des vielseitig interessierten Weill war die Aufgeschlossenheit gegenüber den technischen Neuerungen. Beim Rundfunk, der zu dieser Zeit erstmalig deutschlandweit zu empfangen war, fand Weill ein doppeltes Betätigungsfeld: Zum einen bot die Beschäftigung als Rundfunkkommentator und als Mitarbeiter der Zeitschrift *Der Deutsche Rundfunk* die Möglichkeit, die Chancen und Entwicklung des neuen Massenmediums kritisch zu begleiten. Zum anderen war der Rundfunk für Weill eine einmalige Gelegenheit, auch anspruchsvolle Musik einer breiteren Bevölkerungsschicht zugänglich zu machen. Zahlreiche theoretische Schriften zum Rundfunk, Artikel zu allgemeinen Themen des Kulturlebens der zwanziger Jahre und vor allem speziell für den Rundfunk geschriebene Kompositionen wie die 1929 entstandene Radiokantate *Der Lindberghflug* oder das *Berliner Requiem* zeigen die intensive Auseinandersetzung Weills mit diesem Medium.

1928 sollte ausgerechnet ein Werk, dessen Entstehungsprozess derart chaotisch verlief, dass der Auftraggeber sich insgeheim schon nach einem Ersatz umgesehen hatte, den weltweiten Durchbruch bringen: Der Theaterunternehmer Ernst Aufricht hatte den Dramatiker Bertolt Brecht um ein Stück für die Eröffnung seines Theaters am Schiffbauerdamm gebeten. Trotz einiger Bedenken stimmte er schließlich dem Vorschlag Brechts zu, den als "Neutöner" bekannten Weill mit der Komposition zu beauftragen. Der Ausfall von bereits verpflichteten Darstellern, ständige Querelen innerhalb des künstlerischen Leitungsteams ließen den dringend benötigten Erfolg immer unwahrscheinlicher werden.

Als sich jedoch der Vorhang nach der Uraufführung der *Dreigroschenoper* am 31. August senkte, war einer der größten Theatererfolge des 20. Jahrhunderts perfekt: In den kommenden fünf Jahren sollte das Werk annähernd 10 000 Aufführungen

"Dreigroschenoper",
Kurt-Weill-Fest 1996,
Kulturpalast Bitterfeld

in Europa erleben. In der Folge entstehen weitere große Bühnenwerke wie z. B. die Oper *Aufstieg und Fall der Stadt Mahagonny*, deren Premiere 1930 massiv von Nazi-Störtrupps behindert wurde. Weill und Brecht waren spätestens damit zur bevorzugten Zielscheibe nationalsozialistischer Hetze geworden, die schließlich im Aufführungsverbot sämtlicher Werke der beiden und der Schmähung des Komponisten in der berüchtigten Ausstellung *Entartete Kunst* gipfelte.

Am 21. März 1933, einen Monat nach der Premiere des Wintermärchens *Der Silbersee* (Text: Georg Kaiser), flieht Weill nach Frankreich. Dort, in der damaligen "Hauptstadt der deutschen Emigranten", entstehen neben bedeutenden Werken wie den *Sieben Todsünden* oder der *Symphonie No. 2* zahlreiche Chansons, die heute zum Standardrepertoire der einschlägigen Literatur gehören: *Youkali*, *La Complainte de la Seine* oder *J'attends un Navire*, das zu einem der Erkennungsmelodien der Résistance wurde.

1935 erreichte ihn die Einladung Max Reinhardts in die USA, um dort die Arbeiten an dem Bibeldrama *Der Weg der Verheißung* (Text: Franz Werfel) zu vollenden, das die drei Künstler 1934 begonnen hatten. *The Eternal Road* – so hieß das Stück in seiner amerikanischen Fassung – war als Massenspiel konzipiert und erzählt die Geschichte des jüdischen Volkes. Weill, der zu dieser Zeit von Lotte Lenya geschieden war, überredete sie, mit ihm in die USA einzureisen. Am 10. September 1935 erreichten die beiden New York. Mit Betreten amerikanischen Bodens war ihnen klar, dass damit ein neuer Lebensabschnitt begonnen hatte. So bemerkte Weill in einem Interview:

"Happy End",
Kurt-Weill-Fest 1998,
Marienkirche Dessau

"... Ich wurde nicht aus Deutschland hinausgeworfen wie einige andere Musiker, aber ich würde nicht sehr willkommen sein, wenn ich zurückkehrte, außer natürlich, wenn ich mich entschließen würde, ein Konzentrationslager zu besuchen. In Deutschland bin ich bekannt als Kulturbolschewist. Meine Musik ist undeutsch, nichtarisch. Sie nennen sie Asphaltmusik, weil sie die Großstadt verkörpert, was für mich ein großes Kompliment bedeutet."[4] Mit welcher Konsequenz sich Weill und Lenya der neuen Heimat zuwandten, wird mit einem Beitrag Weills für die NBC-Radiosendung *I'm an American* aus dem Jahr 1941 deutlich: "Als wir ankamen, beschlossen wir nur noch Englisch zu sprechen. Viele Leute, die aus dem Ausland stammen, benutzen bei sich zu Hause und unter Freunden ihre Muttersprache. Ich habe damals meine deutschen Freunde immer gefragt: Wie könnt ihr je Amerikaner werden, wenn ihr euch immer noch an die Sprache und die Sitten eines Landes klammert, das zum unameri-kanischsten Land der Welt geworden ist." Weill und Lenya beantragten die ameri-kanische Staatsbürgerschaft, die sie 1943 auch erhielten.

The Eternal Road – ein privat finanziertes Theaterprojekt – endete zwar mit der Pleite der Produktionsfirma. Das Stück selbst war aber ein großer künstlerischer Erfolg und machte Weill am Broadway bekannt. Schon 1936 hatte Weill Mitglieder des progres-siven New Yorker "Group Theatre" kennen gelernt, dem unter anderem Lee Strasberg angehörte. Das Musical Play *Johnny Johnson*, künstlerisches Ergebnis der aus diesen Kontakten entstandenen Zusammenarbeit mit dem Dramatiker Paul Green, führte zu Weills erstem Achtungserfolg am Broadway. Am Broadway Musicals herauszubringen, stellte selbst für einen auch unter kommerziellen Gesichtspunkten erfolgreichen Komponisten wie Weill eine große Herausforderung dar: Anders als in Europa entstehen noch heute diese Produktionen ohne staatliche Unterstützung. Vielmehr müssen für jedes Projekt Investoren und Sponsoren gewonnen werden, die sich vom Erlös des Stückes Rendite erwarten. Verständlicherweise ist deren Bereitschaft gering, Neues auszuprobieren. Man bevorzugt gängige Sujets und Formen.

Szenenfoto "Love Life"
Kurt-Weill-Fest 2001,
Kulturpalast Bitterfeld

Unter diesen Voraussetzungen ist es umso bemerkenswerter, dass Kurt Weill auch in Amerika seinem Ziel treu blieb, anspruchsvolle Werke für breite Bevölkerungsschichten zu schreiben und stets hochwertige Libretti mit aktuellen Themen und neuen musikdramatischen Formen zu verbinden suchte.

1937, kurz nach Beendigung seiner Arbeit an *Johnny Johnson*, schloss sich Weill einer anderen Autorengruppe an, die sich ebenfalls gegen das rein kommerziellen Zielen verpflichtete private Theaterwesen wandte. Die Stücke dieser "Playwright's Company" sollten den Broadway in den nächsten Jahren künstlerisch bestimmen und Kurt Weill mit zwei Mitbegründern, Elmer Rice und Maxwell Anderson, drei seiner wichtigsten Werke schreiben. *Knickerbocker Holiday*, sein 1938 in Zusammenarbeit mit Maxwell Anderson geschriebenes Musical Play, war ein weiterer Meilenstein auf seinem Weg zum erfolgreichen Broadway-Komponisten und brachte mit dem *September Song* seinen ersten amerikanischen "Hit". *Lady in the Dark*, das Musical, welches seinen endgültigen Durchbruch am Broadway bedeutete, markiert auch den Beginn der Zusammenarbeit zwischen Ira Gershwin und Weill.

Wie schon in Deutschland interessierte Weill sich auch in den USA für die Möglichkeiten der neuen Medien. Zusammen mit Cheryl Crawford – einem Mitglied des "Group Theatre" – fuhr Weill 1937 nach Hollywood, um dort erste Kontakte zu Angehörigen der Filmbranche zu knüpfen. Der Film interessierte ihn in zweierlei Hinsicht: Zum einen war das Schreiben von Filmmusik für viele exilierte Komponisten die einzige Möglichkeit, mit dem Komponieren ihren Lebensunterhalt etwas aufzubessern[5], zum anderen hatten Weill schon zu Zeiten der Weimarer Republik die neuen Massenmedien fasziniert. Als wichtigstes Werk dieser ersten Zeit in der "Traumfabrik" entstand die Musik zu *You and me*, ein Film in der Regie von Fritz Lang. Allerdings waren die dabei gemachten Erfahrungen für Weill wenig erfreulich, musste er doch mit ansehen, dass seine Musik teilweise (als zu wenig eingängig) abgelehnt und ein mit dem Genre vertrauterer Komponist hinzugezogen wurde. Auch später musste Weill immer wieder erleben, wie seine Musik stark bearbeitet wurde[6] oder die Qualität seiner Kompositionen weit über der des Buches stand.[7]

Neben seiner Arbeit für Hollywood und den New Yorker Broadway engagierte sich Weill im Kampf gegen das nationalsozialistische Deutschland auf unterschiedlichsten Gebieten. Für die Organisation *Fight for Freedom*, die den Eintritt der USA in den Krieg forderte, schrieb er 1941 das Massenspiel *Fun to be Free*. Er bewog zahlreiche im Exil lebende Künstler, Programmbeiträge für die Kurzwellensendungen des *Office of War Information* zu schreiben, die in Deutschland zu hören waren.[8] Für die Arbeiter der Rüstungsbetriebe stellte er mit anderen Künstlern des Broadway zahlreiche Showprogramme, so genannte *Lunch Hour Follies* zusammen, und arbeitete an zwei

Kurt Weill, Bronzeplastik von Bernd Göbel, 1997 am Lidice-Platz in Dessau aufgestellt

Propagandafilmen. Schließlich schuf er mit *We will never die* (Text: Ben Hecht) ein Massenspiel, das ausgehend von der Geschichte des jüdischen Volkes die furchtbaren Ereignisse der Shoah thematisierte. Zahlreiche Aufführungen vor zum Teil über 20 000 Menschen und deren landesweite Übertragung lassen den Schluss zu, "...dass mit *We will never die* die Tragödie des Holocaust 1943 USA-weit ins Bewusstsein vieler zehntausender Amerikaner gelangte"[9]. Die frühen vierziger Jahre sind auch die Zeit seiner zwei größten Erfolge am Broadway, das 1941 uraufgeführte Musical *Lady in the Dark* und die 1943 entstandene Musical Comedy *One Touch of Venus*. Mit der Premiere der erstgenannten Produktion "schlug vielleicht die Geburtsstunde des vollständig ausgereiften Musicals"[10], so kunstvoll waren die Elemente Musik, Spiel und Tanz verschmolzen. Wie schon bei *Lady in the Dark* geschehen, wollte Weill mit dem 1947 geschriebenen *Street Scene* die Entwicklung des amerikanischen Musiktheaters voranbringen. Dieses Mal schwebte ihm die Weiterentwicklung der von George Gershwin mit *Porgy and Bess* erstmals erfolgreich auf die Bühne gebrachten amerikanischen Volksoper vor. Basierend auf dem anspruchsvollen Libretto des Pulitzer-Preisträgers Elmer Rice und den Liedtexten des afroamerikanischen Dichters Langston Hughes entstand ein Werk, welches das Zusammenleben von Menschen unterschiedlicher Kultur im Schmelztiegel New York thematisiert. Es ermöglichte Weill, seinen gesamten Erfahrungsschatz an musikalischen Formen einzusetzen und zu einer Oper zu vereinen, die von puccinesker Arie

bis zum Boogie-Woogie alle Traditionen enthält, die das amerikanische Musiktheater beeinflusst haben. Mit *Love Life* nahm Weill die Entwicklung des "concept musicals" voraus, das mit den sechziger Jahren seinen Siegeszug am Broadway antrat[11]. Bis zuletzt arbeitete Weill an neuen Formen des Musiktheaters, ehe er am 3. April 1950 in New York an den Folgen einer Koronararthrose verstarb. Lange Zeit galt für Kurt Weill das Adorno'sche Verdikt, wonach er sich an den Broadway verkauft habe.

Erst heute setzt sich immer mehr die Erkenntnis durch, dass Weill spätestens seit Mitte der zwanziger Jahre seine Idee eines aktuellen, am Leben des modernen Menschen teilhabendes und für ein breites Publikum gedachtes Musiktheater bis zu seinem Lebensende verfolgt hat. Vielleicht hat Langston Hughes, einer der bedeutendsten afroamerikanischen Dichter und Mitarbeiter Weills, dies am zutreffendsten in seinem Nachruf beschrieben: "Ziel der Kunst ist meiner Meinung nach Kommunikation, je umfassender je besser. Weill war ein großer Schöpfer musikalischer Kommunikation. Er hatte etwas zu sagen, und er sagte es auf die einfachste und geradlinigste Weise, in der allgemeinverständlichen Sprache eines jeden Landes, in dem er lebte, in Wirklichkeit in der universalen Sprache. Niemand gehört in Wirklichkeit zu einem einzigen Land. Am allerwenigsten der wahre Künstler. Darum kann Deutschland Weill als Deutschen, Frankreich ihn als Franzosen, Amerika ihn als Amerikaner und ich ihn als Schwarzen ausgeben. Wäre er in Indien eingewandert, hätte er wundervolle indische Musik geschrieben."

Aufgaben des Zentrums

"Wie groß Kurt Weill als Komponist war, wird die Welt allmählich entdecken – denn er war ein weitaus größerer Musiker, als man heute denkt. Es werden Jahre, Jahrzehnte nötig sein, aber wenn es eines Tages soweit ist, dann wird Kurt Weill als einer der wenigen bleiben, die große Musik geschrieben haben."

Diese bei vielen Fachleuten verbreitete Meinung von Weills Dichterfreund Maxwell Anderson steht in einem merkwürdigen Missverhältnis zur Präsenz seiner Werke in

Kurt-Weill-Fest 2001,
"Lesebuch für
Städtebewohner",
Marienkirche Dessau

Kurt-Weill-Fest 2001,
"Die sieben Todsünden",
Marienkirche Dessau

Opernhäusern und Konzertsälen. Für viele wird Weill – wenn überhaupt – mit der Dreigroschenoper identifiziert und besitzt als "Brecht/Weill" anscheinend nur eine Art siamesischer Zwillingsexistenz mit einem seiner Textdichter. Vor diesem Hintergrund ist die Gründung einer Institution in Weills Geburtsstadt zu sehen, die einen umfassenden Überblick über Leben und Werk des Dessauer Kantorensohns ermöglicht. Zahlreiche audiovisuelle Medien – darunter viele Schellackplatten, aber auch Videos von bedeutenden Theateraufführungen – erschließen dem Besucher nicht nur das Schaffen Kurt Weills, sondern auch wichtige Werke von Zeitgenossen, die von Weill beeinflusst wurden oder ihn beeinflusst haben, wie z. B. George Gershwin mit seiner

Oper *Porgy and Bess*. Die integrierte "Theaterbibliothek Henry Marx" hat ihren Schwerpunkt auf der amerikanischen Theatergeschichte und der Exilliteratur.

Das Haus ist gleichzeitig auch Geschäftsstelle der Kurt-Weill-Gesellschaft und veranstaltet in der Reihe *Sonntags zu Kurt Weill ins Feiningerhaus* Konzerte und Lesungen zu den Themen Weill und Kunst seiner Zeit.

In dem ehemaligen Wohnhaus des Malers Lyonel Feininger sind zudem Möbel der Bauhauszeit und kleinere Arbeiten der Familie Feininger zu sehen.

In Zusammenarbeit mit dem Anhaltischen Kunstverein e.V. und der Staatlichen Galerie Moritzburg in Halle werden im Haus Ausstellungen zur Kunst der 20er bis 50er Jahre gezeigt.

Andreas Altenhof
geboren 1961 in München.
Studierte Kirchen- und Schul-
musik in Regensburg. Ab
1987 als Lehrer an der
Musikschule Marburg und
musikalischer Leiter von
freien Theaterprojekten tätig.
Im Jahr 1993 Berufung zum
Leiter des Kurt-Weill-
Zentrums, Geschäftsführer
der Kurt-Weill-Gesellschaft
und Künstlerischer Leiter der
Kurt-Weill-Feste. Seit 2000
Lehrauftrag an der
Hochschule der Künste,
Berlin.

Anmerkungen

1 *Brief an den Bruder Hans, 15.11. 1918*
2 *Brief an den Bruder Hans, 1. April 1920*
3 *Kurt Weill: Anmerkungen zu Street Scene. Covertext der Schallplatte Columbia OL 4139.*
4 *Aus: Composer of the Hour. An Interview with Kurt Weill, Brooklyn Daily Eagle,*
   20. Dezember 1936. Deutsch von Jürgen Schebera.
5 *wie z.B. Hanns Eisler oder Franz Waxman.*
6 *wie bei den Filmen zu "Knickerbocker Holiday" und "Lady in the Dark"*
7 *1943 entstand mit "Where do we go from here" ein Propagandafilm für die US Army,*
   in welchem Weill seine Vorstellungen erstmals voll verwirklichen konnte.
8 *Bei dieser Gelegenheit wurde auch erstmals der letzte gemeinsam mit Brecht*
   geschriebene Song, "Nannas Lied" aufgeführt.
9 *Jürgen Schebera. Kurt Weill, Eine Biographie, Leipzig 1990.*
10 *Henry Marx: Das amerikanische Musical in den dreißiger und vierziger Jahren*
   und die Rolle Kurt Weills, in: Bernd Kortländer (Hrsg.): Vom Kurfürstendamm
   zum Broadway, Düsseldorf 1990.
11 *Das concept musical ersetzt im Gegensatz zum herkömmlichen Musical*
   den traditionellen Handlungsverlauf durch die Variation einer Grundidee
   (wie z. B. bei John Canders "Cabaret").

Die Kurt-Weill-Gesellschaft e.V.

"Das Andenken Kurt Weills in seiner Geburtsstadt auf jede geeignete Weise zu erhalten", ist Ziel der 1993 gegründeten Gesellschaft. Sie engagiert sich mit Veranstaltungen und dem Aufbau eines Netzwerkes in der Pflege von Kurt Weills Biografie
und Gesamtwerk unter besonderer Berücksichtigung seines künstlerischen Umfelds
und der von ihm initiierten Traditionen.

Sie veranstaltet das alljährlich stattfindende Kurt-Weill-Fest, das sich inzwischen zum
bedeutendsten Festival der Musik des 20. Jahrhunderts in Mitteldeutschland entwickelt hat. "Stadt und Region als Festraum" lautet das Konzept des Festivals. Es
bezieht die Bauhausbühne, die Schlosskirche St. Marien und ungewöhnliche Spielstätten in Dessau ebenso ein wie z.B. den Kulturpalast in Bitterfeld, das Carl-Maria-
von-Weber-Theater Bernburg oder Spielstätten in Wittenberg.

Einen besonderen Stellenwert misst die Kurt-Weill-Gesellschaft e.V. der Förderung
des künstlerischen Nachwuchses bei. Das "Podium junger Künstler" ist für viele
junge Hochbegabte erste Gelegenheit, sich einem internationalen Publikum zu
präsentieren. Darüber hinaus engagiert sich die Kurt-Weill-Gesellschaft e.V. in der
regional ausgerichteten Arbeit der Anhaltischen Musiktheaterwerkstatt für Kinder
und Jugendliche, die in den Musikschulen Dessau, Bernburg und Wittenberg aus-
gebildet werden.

linke Seite:
Kurt-Weill-Fest 2001,
Meret Becker, "Speak Low",
Marienkirche Dessau

Meisterhaus Feininger,
Blick ins Schlafzimmer,
1994

Kurt Weill und das Bauhaus

Jürgen Schebera

"Das Bauhaus erstrebt ... die Wiedervereinigung aller werkkünstlerischen Diszi-plinen – Bildhauerei, Malerei, Kunstgewerbe und Handwerk ... zu einer neuen Baukunst als deren unablösliche Bestandteile."
(Staatliches Bauhaus in Weimar, Gründungsprogramm, April 1919) [1]

"Es war zu dieser Zeit [1927], dass ich von einer neuen Art musikalischen Theaters zu träumen begann, in dem alle theatralischen Elemente – Drama und Musik, gesprochenes Wort, Song und Bewegung – wieder völlig vereint sein würden."
(Kurt Weill rückblickend 1946) [2]

"Das Bauhaus will der zeitgemäßen Entwicklung der Behausung dienen, vom ein-fachen Hausgerät bis zum fertigen Wohnhaus. Die Gestalt jedes Gegenstandes ist aus seinen natürlichen Funktionen und Bedingtheiten heraus zu finden."
(Grundsätze der Bauhausproduktion, 1926) [3]

"Heute sind wir auf dem Wege zu einer zeitgemäßen Theaterform, welche die großen tragenden Ideen der Zeit auf einfache, typische Vorgänge projiziert und die damit wieder zu der natürlichen Funktion des Theaters: der Darstellung menschlicher Ver-haltensarten, zurückführt."
(Kurt Weill 1932) [4]

Der Komponist Kurt Weill, 1900 in Dessau geboren, gehörte nicht zum Bauhaus-Kreis, auch nicht zum entfernten. Als das Bauhaus 1925 von Weimar nach Dessau umzog, hatte er seine Vaterstadt längst verlassen. Dennoch ist die Parallelität in den eingangs zitierten Aussagen nicht zu übersehen – Ausdruck einer für die zwanziger Jahre charakteristischen Suche nach neuen Formen und neuer Funktionalität in allen Bereichen der Künste. Kurt Weill gehörte dabei auf dem Gebiet des musikalischen Theaters ebenso zur Avantgarde wie auf dem Feld von Formgestaltung, Architektur und Malerei die Bauhaus-Meister, von Walter Gropius und Lyonel Feininger bis zu Wassili Kandinsky und Oskar Schlemmer.

Zweimal allerdings kreuzten sich gewissermaßen die Wege des Komponisten mit denen des Bauhauses, einmal direkt, einmal indirekt. Diese Kreuzungspunkte sollen im Folgenden dargestellt werden.

Seit September 1920 in Berlin endgültig seinen Weg suchend (hier hatte er nach dem Dessauer Abitur bereits von April 1918 bis Juli 1919 für zwei Semester an der Hochschule für Musik studiert, war danach von September bis Dezember 1919 als Korrepetitor am Dessauer Friedrich-Theater und von Januar bis Mai 1920 als Kapellmeister am Stadttheater Lüdenscheid tätig gewesen), wurde Kurt Weill im Januar 1921 in die Meisterklasse für Komposition an der Preußischen Akademie der Künste aufgenommen, die der berühmte Ferruccio Busoni leitete – eine große Ehre

rechte Seite:
Kurt Weill,
Kreidezeichnung
von Max Dungert,
1922

für den knapp einundzwanzigjährigen, äußerst begabten und aufstrebenden Komponisten, der bereits eine beachtliche Zahl von Liedern, dazu mehrere Orchester- und Kammermusikwerke, aufzuweisen hatte. Bei Busoni erfuhr er nun entscheidende Prägung. Der 1866 in der Nähe von Florenz geborene Klaviervirtuose, Komponist und Musikpädagoge war für die europäische Musikentwicklung der ersten Jahrzehnte des 20. Jahrhunderts eine der bestimmenden Persönlichkeiten. Als Komponist war er schon mit seinen Jugendwerken radikal in neue Bereiche der Harmonik vorgestoßen. Seine Programmschrift *"Entwurf einer neuen Ästhetik der Tonkunst"* beeinflusste ab 1916 eine ganze Generation junger Musiker, ebenso wie sein 1918 entworfenes Konzept einer *"umfassenden, jungen Klassizität, die alles Experimentelle vom Anfang des 20. Jahrhunderts einverleibt".*[5] Auch für das Musiktheater – Weills zukünftige *"eigentliche Domäne"* (wie er es später rückblickend bezeichnete)[6] – hatte Busoni mit den beiden 1917 uraufgeführten Einaktern *"Turandot"* und *"Arlecchino"* Neuland betreten.

Drei Jahre, bis Dezember 1923, währte das Studium bei Busoni – es waren bestimmende Jahre für Weill. Weniger die Stilistik der Werke seines lebenslang *"verehrten Meisters"*, sondern vielmehr dessen auf der Klassik gründendes und vorwärtsdrängendes ästhetisches Konzept, vor allem seine bahnbrechend neue Auffassung von Oper, *"im Gegensatz zum Musikdrama"* (wie Weill schreibt)[7], machten den bestimmenden Einfluss des Lehrers auf die weitere Entwicklung des Schülers aus.

Bisher fast ausschließlich in musikalischen Kreisen verkehrend, kam Weill ab 1922 in Berlin nun auch in Kontakt mit der Bildenden Kunst. Er wurde Mitglied der im November 1918 gegründeten und programmatisch nach dem Revolutionsmonat benannten Berliner Künstlervereinigung *"Novembergruppe"*.[8] Zunächst nur Sammelpunkt von Malern, Zeichnern und Bildhauern, traten ab 1922 mit einer eigenen, von Heinz Tiessen und Max Butting, ab 1924 von Hans Heinz Stuckenschmidt geleiteten Abteilung nun auch zahlreiche Musiker hinzu, neben Weill u. a. sein Mitschüler bei Busoni, Wladimir Vogel, sowie Philipp Jarnach, Stefan Wolpe und ab 1925 Hanns Eisler. Man veranstaltete regelmäßig Diskussionen, Konzerte und Kammermusikabende, mit zahlreichen Uraufführungen. Auf diese Weise entstand in Berlin ein erstes und gewichtiges Zentrum für Neue Musik. Fast ebenso wichtig aber war der interdisziplinäre Gedankenaustausch zwischen den Vertretern der Musik und der Bildenden Künste – drängten doch alle nach Neuem und waren demzufolge daran interessiert, die jeweiligen Standpunkte in den "Nachbarkünsten" (einige Jahre später werden Weill/Brecht sagen: *"Schwesterkünsten"*) kennen zu lernen. Weill kam so u. a. in Kontakt mit dem fast gleichaltrigen Heinz Dungert, der Ende 1922 eine dem Konstruktivismus verpflichtete Porträtzeichnung seines Gruppen-Kollegen schuf.[9]

Im Spätsommer 1923, das Studium bei Busoni neigte sich bereits dem Ende entgegen, sollte Weill Augen- und Ohrenzeuge der ersten öffentlichen Bilanz der Bauhaus-Arbeit werden. Vom 15.–21. August fand in Weimar anlässlich des dreijährigen Bestehens eine *"Bauhaus-Woche"* statt. Zugleich wurde eine bis Ende September gezeigte große *"Ausstellung des Staatlichen Bauhauses"* eröffnet.[10] Das Programm der Festwoche, die Reichskunstwart Dr. Erwin Redslob eröffnete, enthielt neben Verträgen (u. a. Walter Gropius: Kunst und Technologie, Wassili Kandinsky: Synthetische Kunst), Arbeitspräsentationen (u. a. Architekturprojekte von Johannes Itten, Max Taut und Mies van der Rohe) und Diskussionen im Feld von Gestaltung, Architektur und Design auch – zur Demonstration der Interdisziplinarität im innovativen Bestreben – mehrere Theateraufführungen (darunter Oskar Schlemmers *"Triadisches Ballett"*) sowie Konzerte mit Neuer Musik. Für deren Programmgestaltung und Leitung hatte man aus Berlin Hermann Scherchen verpflichtet, Dirigent und damals führender Protagonist der Neuen Musik in der Hauptstadt der noch jungen Weimarer Republik. Einen der Konzertabende hatte Scherchen mit Werken von Busoni und Paul Hindemith geplant, die Komponisten waren selbstredend eingeladen worden. Obwohl Busoni bereits krank war (er starb ein knappes Jahr später, am 27. Juli 1924), sagte er zu – und nahm als Auszeichnung seine drei geschätztesten Schüler mit nach Weimar: Kurt Weill, Wladimir Vogel und Hans Hirsch.[11]

Am 17. August begab man sich von Berlin in die Klassikerstadt. Am 18. August fand das Busoni/Hindemith-Konzert mit der Weimarischen Staatskapelle (Dirigent: Hermann Scherchen, Klavier: Egon Petri) statt. Auf dem Programm standen von Weills Lehrer: *"Toccata"*, *"Perpetuum mobile"*, *"Prélude et étude en arpèges"* sowie drei der *"Fünf kurzen Stücke zur Pflege des polyphonen Spiels"*; dazu Hindemiths *"Marienleben"*. Von größerer musikhistorischer Bedeutung aber war das am nächsten Tag, dem 19. August, als Sonntags-Matinee folgende Konzert, wiederum dirigiert von Hermann Scherchen. Es brachte neben Ernst Kreneks *"Concerto grosso"* die zweite deutsche Aufführung von Igor Strawinskys epochemachender *"Geschichte vom Soldaten"* (Sprecher: Karl Ebert, Soldat: Fritz Odemar, Teufel: Hermann Schramm, Mitglieder der Weimarischen Staatskapelle), einem Schlüsselwerk der Neuen Musik. Weill hatte bereits die deutsche Erstaufführung knapp zwei Monate zuvor in Frankfurt am Main erlebt (bei einer *"Kammermusikwoche"*, in deren Rahmen sein Streichquartett op. 8 zur Uraufführung gelangte) und war nun erneut von dem Werk gefesselt, das viele seiner schon bald darauf entstehenden Bühnenwerke beeinflussen sollte, ebenso wie die ab 1927 gemeinsam mit Brecht folgende Ausformung eines "epischen" Theaters. 1926 schrieb Weill:

"Als die zukunftssicherste Zwischengattung kann wohl das gelten, was Strawinsky in seiner 'Geschichte vom Soldaten' versucht; auf der Grenze zwischen Schauspiel, Pantomime und Oper stehend, zeigt dieses Stück doch ein so starkes Überwiegen der opernhaften Elemente, dass es vielleicht grundlegend für eine bestimmte Richtung der neuen Oper werden kann." [12]

Prophetische Sätze! Strawinsky war eigens für die Weimarer Konzerte aus Paris angereist. Nach dem ersten Abend zeigte er sich stark beeindruckt und ließ seinem gleich ihm berühmten Kollegen ein Kärtchen mit den Worten *"Merci, Busoni! Strawinsky"* zukommen.[13] Ähnlich fasziniert war Busoni am nächsten Tag bei der *"Geschichte vom Soldaten"*. Am Abend trafen die beiden dann erstmals zusammen. In seinen Erinnerungen schrieb Strawinsky dazu: *"Ich hatte Busoni nie zuvor gesehen, aber man hatte mir erzählt, dass er ein unversöhnlicher Gegner meiner Musik sei. Umso größeren Eindruck machte es mir, als ich während der Aufführung des*

Kurt Weill,
Porträtzeichnung
von Busonis Sohn Raffaele,
1925

Stückes sah, dass er mit starker Anteilnahme zuhörte. Er hat mir das auch selbst
am gleichen Abend bestätigt, und diese Anerkennung bewegte mich umso mehr, als
sie von einem sehr großen Musiker kam, dessen Werk und Gesinnung dem Geist
meiner Kunst völlig entgegengesetzt waren. Es war das erste- und letztemal, dass ich
ihn sah." [14]

Wir dürfen annehmen, dass im Umkreis dieser Begegnung auch Busonis mitgereiste
Schüler der Berühmtheit Strawinsky vorgestellt wurden. In den USA kam es dann
später, ab 1938, zu weiteren Begegnungen mit Weill. Wir dürfen ebenso annehmen,
dass Kurt Weill diese Weimarer Tage nutzte, um sich die Bauhaus-Ausstellung
anzusehen und an einigen der erwähnten Veranstaltungen teilzunehmen. Äußerungen
von ihm sind dazu nicht überliefert. Der Mitschüler Wladimir Vogel aber hat seine

Weill's Operneinakter gekoppelt mit einer szenischen Arbeit des Bauhaus-Meisters Kandinsky. Programmzettel des Dessauer Friedrich-Theaters, 4. April 1928

6. Veranstaltung der „Jungen Bühne"

Mittwoch, den 4. April 1928

Zum ersten Male:

Bilder einer Ausstellung

Musik von Modeste Moussorgsky

mit

Lore Jentsch und Günter Hess

Regie und Bühnenbild: Prof. Wassily Kandinsky als Gast   Dirigent: Arthur Rother

Hierauf zum ersten Male:

Der Zar läßt sich photographieren

Opera buffa in einem Akt von Georg Kaiser
Musik von Kurt Weill

mit

Ada Hartenstein, Charlotte Schumann,
Herta von Türk-Rohn, Hilde Voth,
Alfred Ernestl, Heinrich Fix, Theodor Heydorn,
Walter Menge, Dr. Hanns Nietan, Alfred Paulus,
Walter Puck, Heinrich Patsche, Kurt Starke,
Fritz Weber, Paul Zimmermann.

Regie: Dr. Georg Hartmann   Dirigent: Artur Rother
                    Bühnenbild: Julius Hahlo

Technische Leitung: Max Meyer   Kostümausführung: Otto Brückmann
Dekorationsausführung: Sebastian Wimmer   Beleuchtung: Hans Trittler
                    Szenische Inspektion: Max Bellers

Anfang 8¹⁄₂ Uhr   Ende gegen 10¹⁄₂ Uhr

Pause nach „Bilder einer Ausstellung"   Kassenöffnung 8 Uhr

Preise der Plätze („Junge Bühne"):

Loge Vorderplatz	3.50 RM	I. Parkett	3.00 RM
Rückplatz	3.00 RM	II. Parkett	2.50 RM
Orchester-Sessel	3.50 RM	III. Parkett	2.00 RM

Die „Brücke" (Zeitschrift der Jungen Bühne mit Theaterzettel) ist am Eingang erhältlich.

Eindrücke später zu Papier gebracht – und Weill wird ähnlich empfunden haben: *"Ich erinnere mich, welch gewaltigen Eindruck mir die Reise zur Bauhaus-Woche 1923 machte, und wie mir dabei mein eigenes Wollen bewußt wurde ... Beim Betrachten der vielen ausgestellten Werke konnte ich erkennen, wie die Grundelemente der bildenden Künste hier aufgegriffen, verstanden, gelehrt und angewandt wurden. Wie klar zeigte sich dem Besucher die tatsächliche Bedeutung eines ‚Kreises‘, einer ‚Linie‘, eines ‚Quadrats‘ und eines ‚Punktes‘; und deren umgekehrter Funktion in einem ‚gegebenen‘ Raum ... die relativen Effekte von Farben, die Absolutheit von Rhythmus, Gleichgewicht und Balance. Wie systematisch wurden hier die höchst asymmetrischen Kompositionen in völlige Balance gebracht – und damit geformt! Alle diese Dinge lenkten meine eigenen Sinne in ebensolche Richtung."* [15]

Gleichfalls von Vogel stammt die rückblickende Schilderung eines damaligen gemeinsamen Weimarer Mittagessens von Busoni und seinen mitgereisten Schülern, darunter Weill: *"Wir saßen im Restaurant des Hotels ‚Zum Erb-Prinzen‘. Als typischer Gourmet hatte Busoni Kalbslende in Madeirasauce bestellt und genoss sie in der ihm vertrauten Weimarer Atmosphäre. Irgendwann kam das Thema ‚Fuge‘ zur Sprache. ‚Fuge im alten Sinne ist für uns inzwischen zum historischen Begriff geworden‘, meinte er. ‚Sie war eine Ausdrucksform ihrer Zeit. Ich kann nicht erkennen, warum*

wir heute noch solche Fugen schreiben sollten. Es wäre doch naiv anzunehmen, wir könnten Bach irgendetwas hinzufügen!

Der Höhepunkt der Entwicklung der Fuge ist längst vorbei. Doch frei von konventionellen und tonalen (im alten Sinne) Beschränkungen haben wir heutzutage viel mehr Möglichkeiten, Klänge im freien Kontrapunkt, in freifließender Bestimmtheit zu begleiten.‘ (Das Gesagte unterstrich Busoni mit breitwiegenden Handbewegungen.) – Sie werden verstehen, wie ich diese Worte, ausgesprochen in der Bauhaus-Luft, in mich aufnahm. Sie machten auf einmal klar, was Jahre in der Meisterklasse und auch alle existierenden Bücher über Kontrapunkt nicht geschafft hatten." [16] Wir verlassen Weills Weimarer "Bauhaus"-Tage vom August 1923 und machen einen Sprung von knapp fünf Jahren in den April 1928. Zu dieser Zeit steckte er gerade mit Hochdruck in der Arbeit an der *"Dreigroschenoper"*, die am 31. August im Berliner Theater am Schiffbauerdamm Premiere haben sollte. Der Arbeitsdruck machte es auch unmöglich, dass Weill – reichlich sechs Wochen nach der Leipziger Uraufführung des Werkes am 18. Februar 1928 zur Dessauer Premiere seines gemeinsam mit Georg Kaiser entstandenen Operneinakters *"Der Zar läßt sich photographieren"* reisen konnte. Sie fand am 4. April im Friedrich-Theater statt (im Rahmen der Reihe *"Junge Bühne"*, Regie: Theodor Hartmann, Bühnenbild: Julius Hahlo, Dirigent: Artur Rother). Interessant für unser Thema aber ist die Kopplung des Einakters: Vor Weills *"Zar"* wurde eine szenische Interpretation von Modest

Mussorgskis bekanntem Stück *"Bilder einer Ausstellung"* (ursprünglich ein Klavier-werk, das Maurice Ravel für großes Orchester instrumentiert hatte) gegeben, Regie und Bühnenbild (so der erhaltene Programmzettel)[17]: *"Prof. Wassily Kandinsky als Gast"*, Dirigent: Artur Rother, mit Lore Jentsch und Günther Hess. Weill also gekop-pelt mit einem Bauhaus-Theaterprojekt, und zwar nicht, wie ansonsten üblich, auf der eigens dazu geschaffenen Bühne des – nach "Ausweisung" aus Weimar und Umzug nach Dessau – von Walter Gropius entworfenen und im Dezember 1926 feierlich eingeweihten neuen Bauhaus-Gebäudes, sondern im Städtischen Friedrich-Theater. Dazu der Bauhaus-Meister Kandinsky nicht nur als Szenenbildner, sondern zugleich auch als Regisseur! Leider sind keine Fotos der Inszenierung überliefert. Die beiden auf dem Programmzettel genannten Ballettmitglieder machen indes deutlich, dass es sich um eine szenisch-tänzerische Interpretation der Mussorgskischen Musik han-delte. Auch Kandinskys Bühnenbild ist nicht überliefert – wir können aber gut dokumentierte Arbeiten der Bauhaus-Meister László Moholy-Nagy (zu Offenbachs *"Hoffmanns Erzählungen"* und *"Perichole"* sowie Hindemiths *"Hin und zurück"*) und Oskar Schlemmer (zu Schönbergs *"Glückliche Hand"*), die 1929/30 für die Berliner Kroll-Oper entstanden, zum Vergleich heranziehen: mit abstrakten Konstruktionen und kräftigen Farben spielende Schöpfungen. Etwa Moholys *"Hoffmann"*-Szene: *"Ein konstruktivistisches Gefüge aus Stangen in verschiedenen Materialien, Einbeziehung von surrealistischen automatischen Figuren, die ersten Stahlmöbel auf einer Opern-bühne und eine sich verschiebende, bewegliche Szene. Eine neuartige Romantik, welche die Phantasie entzündete und ins Unwahrscheinliche schweifen ließ"* – so rückblickend Hans Curjel, der Dramaturg der Kroll-Oper.[18] Im Juli 1927, mit der Ur-aufführung von Weill/Brechts Songspiel *"Mahagonny"* in Baden-Baden, nahm die Arbeitsbeziehung und bald auch persönliche Freundschaft mit dem "Bühnenbauer" (Brecht) Caspar Neher ihren Anfang, der in den Folgejahren bis 1933 alle Weill-Urauf-führungen ausstattete. Nehers Arbeiten (der ab 1919 an der Kunstakademie München studiert hatte und in den Galerien der Stadt des *"Blauen Reiters"* ein- und ausgegan-gen war) sind gekennzeichnet durch sein System der zweigeteilten Szene, bei dem im vorderen Teil der Bühne mit halbhohen Wänden ein spezielles Szenenbild aufgebaut ist und im hinteren Teil mit großen bemalten Prospekten oder Projektionsflächen er-klärende Hintergründe gestaltet werden – in neuartiger verfließender Tusche- und Aquarelltechnik gestaltet und beeinflusst nicht zuletzt durch Lyonel Feiningers pris-menartige Aufsprengung der Farbflächen.[19] Bühnenbild nicht mehr als naturalistische Illustration zum Stück, sondern in neuer Funktionalität als *"Schwesterkunst"*, die ihre eigenen Kommentare liefert und den Betrachter zu zusätzlichen Assoziationen auf-fordert. Auch hier fließen, vermittelt zwar, doch unübersehbar, Einflüsse der Bau-haus-Arbeit ein. Sie scheinen bei Kurt Weill fünfzehn Jahre später noch einmal auf, als er 1947 – längst als "American composer" am Broadway zu Ruhm gelangt, eben-so wie viele der einstigen Bauhausmeister inzwischen in Amerika festen Fuß gefasst hatten – über die *"Beziehung zwischen den Künsten"* reflektierte und Funktionalität wie Interdisziplinarität dabei in den Mittelpunkt rückte: *"Die Künste sind miteinander verwandt durch ihren Nutzen für die Menschheit, ebenso wie die Arbeit eines*

Lotte Lenya und Kurt Weill,
New York , 1935

Tischlers mit der eines Schuhmachers verwandt ist, weil beide für die Menschen nütz-
lich sind – wobei der Nutzen der Künste sich auf einer wesentlich höheren Ebene
vollzieht. … Nur dann, wenn Künstler unterschiedlicher Genres ihre Anstrengungen
in der Schöpfung einer ‚gemischten' Kunstform vereinen, können wir von einer aktiv-
en Beziehung zwischen den Künsten sprechen. Eine solche echte Verbindung der
Künste findet auf dem Theater statt. … Es ist kein Zufall, dass nahezu alle großen
Maler und Musiker unseres Jahrhunderts irgendwann dazugekommen sind, auf
diesem Felde zu arbeiten. Man hat das Theater eine ‚Bastardkunst' genannt. Ich
denke, es kann stolz sein auf diesen Namen, denn gerade aufgrund der Tatsache,
dass es eine ‚Mischung' darstellt, ist es zur einzigen Kunstform geworden, die eine
tatsächliche Verbindung zwischen den Künsten herstellt." [20]

Jürgen Schebera
1940 in Gablonz (jetzt
Jablonec, Tschechien)
geboren. Von 1965 bis 1970
Studium der Germanistik und
Musikwissenschaft an der
Karl-Marx-Universität Leipzig.
Von 1971 bis 1980 Direktor
des Zentralantiquariats
Leipzig.
1975 promoviert zum
Dr. phil. an der Karl-Marx-
Universität Leipzig mit der
Dissertation
"Hanns Eisler im USA-Exil".
Von 1981 bis 1991 wissen-
schaftlicher Mitarbeiter an der
Akademie der Wissenschaften
der DDR, Zentralinstitut für
Literaturgeschichte in Berlin,
seit 1992 Verlagslektor
in Berlin.
Seit 1978 Veröffentlichung
mehrerer Bücher über Brecht,
Weill, Eisler und Gershwin,
zur Kulturgeschichte der
Weimarer Republik und
zum Exil Deutscher Künstler
1933–1945.

Anmerkungen

1 Zit. nach Diether Schmidt (Hrsg.): Manifeste Manifeste 1905–1933. Dresden 1965, S. 231.
2 Kurt Weill: Two Dreams-Come-True. Typoskript, Weill/Lenya Archive, Yale University New Haven. Hier zit. nach der dt. Übers., abgedr. in Kurt Weill: Musik und musikalisches Theater. Gesammelte Schriften (hrsg. v. Stephen Hinton u. Jürgen Schebera). Mainz 2000, S. 182–184.
3 Siehe Anm. 1, S. 244.
4 Kurt Weill: Gibt es eine Krise der Oper?, in: Neues Wiener Journal, 20. 4. 1932. Wieder abgedr.: in Kurt Weill: Musik und musikalisches Theater, a. a. O., S. 137f
5 So formuliert 1920 in einem Brief Busonis an Paul Bekker, zit. nach Hans Heinz Stuckenschmidt: Ferruccio Busoni. Zürich 1967, S. 124.
6 Siehe Anm. 2.
7 Kurt Weill: Die neue Oper, in: Der neue Weg, Berlin, Heft 2/1926. Wieder abgedr. in Kurt Weill: Musik und musikalisches Theater, a. a. O., S. 42–45.
8 Ausführlich dazu siehe das Standardwerk Helga Kliemann: Die Novembergruppe. Berlin 1969.
9 Ein signiertes Exemplar des Druckes ist im Besitz des Kurt Weill-Zentrums Dessau.
10 Im Bauhaus-Archiv Berlin befindet sich umfangreiches Material zur Bauhaus-Woche und -Ausstellung.
11 Die Quellen zu diesem Weimar-Besuch wurden erstmals erschlossen in Tamara Levitz: Teaching New Classicality. Ferruccio Busoni's Master Class in Composition. Frankfurt a. M. 1996, S. 260–263.
12 Siehe Anm. 7.
13 Dies wird berichtet in Wladimir Vogel: Schriften und Aufzeichnungen über Musik. Zürich 1977, S. 90.
14 Igor Strawinsky: Leben und Werk – von ihm selbst. Zürich-Mainz 1957, S. 104.
15 Brief von Wladimir Vogel an Max Butting, 27. März 1928. Abgedr. in Dietrich Brennecke: Das Lebenswerk Max Buttings. Leipzig 1973, S. 68f.
16 Ebd.
17 Faksimile abgedr. in Jürgen Schebera: Kurt Weill – für Sie porträtiert. Leipzig 1980, Abb. 6.
18 Hans Curjel: Experiment Kroiloper 1927–1931. München 1975, S. 50.
19 Siehe dazu ausführlich Christine Tretow/Helmut Gier (Hrsg.): Caspar Neher – der größte Bühnen- bauer unserer Zeit. Opladen-Wiesbaden 1997. Der Band enthält den informativen Beitrag von Andreas Hauff: Caspar Neher und Kurt Weill. Ihre Zusammenarbeit und Freundschaft (S. 90–124).
20 Kurt Weill: Über die Beziehung zwischen den Künsten. Typoskript, Weill/Lenya Archive, Yale University New Haven. Wieder abgedr. in Kurt Weill: Musik und musikalisches Theater, a. a. O., S. 186–190.

Aus dem Gästebuch des Hauses

Erdmuthe Roepke

In diesem Kapitel sollen die Besucher des Hauses zu Wort kommen. Sie haben ihre spontane oder wohlüberlegte Meinung, ihre Eindrücke nach dem Rundgang durch das Haus im Gästebuch zu Papier gebracht.

Es ist eine Auswahl: Lesen Sie Witziges, Geistreiches und auch Kritisches ...

– *Das ist schon toll gelungen! Man wünscht sich mehr ...!*

– *Die unverhoffte Besichtigung dieses Hauses war ein Höhepunkt unseres Besuches des Bauhauses. Vielen, vielen Dank für die freundliche und unkomplizierte Aufnahme. Faszinierend, dass der Stil und der Geist von damals immer noch absolut modern erscheint!*

– *Hoffentlich hört man in Zukunft mehr von Kurt Weill und Feininger. Es ist schon toll hier.*

– *Wenn hier mal ein Zimmer zu vermieten ist, sagt mir Bescheid!*

– *In so einem Haus würden wir gern wohnen!*

– *Thanks for letting us see this beautiful building.*

– *Großartig! Überwältigend!*

– *Phantastisches Haus! Sehr beeindruckend. Es ist von größter Wichtigkeit, K. Weill in Dessau zu würdigen, zu ehren und sein Andenken zu erhalten und zu fördern.*

– *Weiter so! – Danke schön!*

– *Aber für mich!*

– *Mit großem Interesse und Freude am Wiedererstandenen der Bauhausidee!*

– *Gestalterische Eindrücke, die man heute kaum noch findet!*

– *Ich wünsche Ihnen weiterhin viel Erfolg beim Restaurieren der Bauten (und viel Geld, um dem Originalzustand sehr nahe zu kommen).*

– *Lyonel Feininger & Kurt Weill – eine seltene und wunderbare Konstellation – schön, beides zu sehen an einem Ort, da lange alles im Argen war.*

– *Freue mich schon auf ein Wiederkommen!*

– *Schön, das Gebäude mit allen seinen Ideen von innen erfahren zu haben. Weiß, schwarz und bunt. Ruhe und Bewegung. Glas und Wand – alles spielt miteinander.*

– *Ein sehr schön restauriertes Haus, das eine große Bedeutung besitzt.*

– *Wunderbares Farbempfinden!*

– *Phantastisch! Hoffentlich kann die noch erhaltene Siedlung bald auch wieder-hergestellt werden.*

– *Wie erholsam, wie beruhigend und überzeugend als Kontrast zu all dem heutigen Schöner-Wohnen-Schnickschnack!*

– *Alte Schüler aus dem Dessauer Bauhaus freuen sich, dass das 1. Meisterhaus wieder im Original steht!*

– *Eine Generation, der nichts geblieben war, außer dem Boden unter ihren Füßen und dem Himmel über ihrem Kopf... Das Bauhaus ist wichtiger als ich!*

– *Eigentlich ist schon klar, dass i c h hier einziehe.*

– *Angesichts dieser Strukturen, Farben und Formen denkt man über die eigene Einrichtung nach!*

– *Ungewöhnlich, beeindruckend – aber nichts für mich*

– *Wunderbar und welche Korrektur am falschen Bild der "weißen" Bauhaus-Moderne*

– *Sie haben eine sehr wichtige Aufgabe mit großem Erfolg geleistet*

– *Begeisternd, belebend, animierend! Eine schlichte Freude! Danke für die Möglichkeit, es wieder so zu sehen.*

– *Ein Fest der Farben und ein Fest fürs Auge!*

– *Ein Hoch auf die Stadt Dessau, die die Erneuerung dieses Hauses durchführen ließ.*

– *Es war schön, durch Räume schreiten zu können, die man nur von "Bilderbüchern" kennt und liebevoll betreut wird. Die Kurt-Weill-Gesellschaft kann sich glücklich schätzen, an einem historischen Ort eine würdige Bleibe gefunden zu haben. Ich wünsche dem Haus viele Besucher!*

– *Sehr lehrreich und eine Hilfe im Architekturstudium! Auf zu besseren Bauten in dieser Welt!*

– *Bauhaus hautnah – ein Erlebnis!*

– *Es ist der Welt zu wünschen, dass diese Architektur der Klarheit eine Zukunft hat.*

– *Ein bestechendes Konzept kann auch nach 70 Jahren noch überzeugen!*

– *Bauhaus – immer noch seiner Zeit voraus!*

– *Hier treffen sich Zukunft und Vergangenheit.*

– *Nicht schlecht Eure Raum-Kuben ...*

– *Eine Perle der europäischen Baukultur*

– *Die Schlichtheit und Eleganz ist bestechend.*

– *Bei schwarzen Wänden wird man depressiv!*

– *Eine besondere Zeit der Geschichte entsteht vor Augen, das Werk phantasievoller und zugleich praktisch denkender Menschen, eine Tradition, an die es sich lohnt anzuknüpfen.*

– *Auch nach Jahrzehnten eine anregende Bereicherung der Architektur.*

– *Ich bin überrascht, wie groß der Einfluss des Bauhauses auf unseren heutigen Alltag ist.*

– *Haus und Garten wecken Sehnsucht nach einem Umzug!*

– *Mittendrin im Bauhaus-Lebensstil – eine beeindruckende Design- und Zeitdokumentation!*

– *Ein multimedialer Ort, der uns begeistert!*

– *Eine Idee wurde geboren und bewahrt, und sie wird weiterhin mit Leben erfüllt!*

– *Habe etwas anderes erwartet, mehr modern!*

– *Nachdem wir das Meisterhaus gesehen haben, wurde der Entschluss gefasst: weg vom Raufaserweiß – hin zur Farbe, auch bei uns werden Farben leuchten! Es war toll.*

– *Wir bewundern die Zähigkeit, mit der die Anfänge und die Entwicklung zum modernen Industrie-Design sicht- und erinnerbar gehalten wird.*

– *Den Ursprung des neuen achitektonischen Denkens an seinem Ursprung gesehen.*

– *Schön schlicht – es gefällt!*

– *Wir freuen uns, Feininger so hautnah zu sein in diesem (seinem) Hause.*

– *Ein wunderschönes Haus – ganz Farbe, Licht und Raum.*

– *Ich find: ein bisschen bunt!*

– *Das schöne Haus, gelungen und restauriert, erinnert daran, welchen kulturellen Reichtum, wie viel bedeutende Menschen Deutschland selbst vertrieben und zerstört hat.*

– *Die Kombination Kurt Weill – Feininger ist phantastisch!*

– *Durch den wiederbelebten Geist dieses Haus inspiriert zur neuen gestalterischen Kraft.*

– *Endlich sah ich, wie mein Zukunftshaus aussieht! Danke ,und Ihr seid alle eingeladen!*

– *Weniger ist eben doch mehr... man wird von der begeisternden Bauhaus-Idee total mitgerissen – man möchte hierbleiben.*

– *Diese wunderbaren Farbkombinationen lassen das Haus als ein einziges Gemälde erscheinen, ein Hoch auf die Meister!*

– *Wir kaufen jetzt ("sofort") diese Stühle! Einfach traumhaft!*

Erdmuthe Roepke, geboren 1952 in Wittenberg. Seit 1995 Mitarbeiterin in der Kurt-Weill-Gesellschaft in Dessau.

– *Es liegen Kunst und Kreativität noch spürbar in der Luft – beeindruckend!*

– *Wie gefühlsmäßig für mich. Walter Gropius war mein Lehrer in Amerika.*

– *Zwei Tage Dessau, zwei Tage Bauhaus – Inspiration für Jahre Architekturstudium!*

– *Spuren einer guten Zeit höchster Gestaltungskraft*

– *Nette Ideen, tolle Farben, super Fenster!*

Lassen wir zum Schluss noch ein Kind zu Wort kommen, welches sich so im Gästebuch geäußert hat:

"Meine Füße tun weh!"

Anhang

Chronologie

Lutz Schöbe

1924

Erklärung zur Auflösung des Bauhaus-Weimar zum 1.4.1925 durch Walter Gropius und die Bauhaus-Meister. Errichtung Haus Auerbach in Jena (Walter Gropius und Adolf Meyer). Reichstagswahlen (Verluste für die bürgerlichen Parteien und für die SPD, Gewinne für die radikalen Parteien).

1925

Bauplatzsuche für die Meisterhäuser in Dessau durch Fam. Gropius und Bürgermeister Hesse. Gemeinderatsbeschluss der Stadt Dessau zur Übernahme des Bauhauses. Beschluss der Stadtverwaltung Dessau (Finanzausschuss) zum Bau von 7 Wohnhäusern (Meisterhäuser) und des Bauhaus-Gebäudes. Planungen von Gropius, Entwurfszeichnungen von Carl Fieger, Planungen von Ernst Neufert, Massemodell (verschollen). Baubeginn (Bauleitung Hans Volger, Heinz Nösselt). Richtfest am 15.11.1925.
Ausstellung *"Art Deco"* in Paris und *"Neue Sachlichkeit"* in Mannheim. Paul von Hindenburg (DNVP) wird Nachfolger von Reichspräsident Friedrich Ebert (SPD). Locarno-Konferenz zur Friedenssicherung in Europa.

1926

Fertigstellung und Übergabe der Meisterhäuser. Einzug des Bauhaus-Direktors und der Bauhaus-Meister im August. Familien Gropius (Burgkühnauer Allee 1, heute Ebertallee 59), Moholy-Nagy und Feininger (Burgkühnauer Allee 2–3, heute Ebertallee 63), Muche und später Schlemmer (Burgkühnauer Allee 4–5, heute Ebertallee 65–67) Kandinsky und Klee (Burgkühnauer Allee 6–7, heute Ebertallee 69–71). Jahresmiete für das Direktorenwohnhaus: ca. 2500 Mark, Wohnungen in den Doppelhäusern: 1650 bzw. 1500 Mark (= 60 bis 100 % über den gesetzlich festgelegten Beträgen für Dienstwohnungen). Bildserie der Bauhausfotografin Lucia Moholy von den Dessauer Bauhausbauten, darunter die Meisterhäuser.
Das Bauhaus wird *"Hochschule für Gestaltung"*. *"Bürgerverein"* Dessau gegen das *"undeutsche"* Bauhaus. Einweihung des Bauhausgebäudes am 4.12. Gründung "Der Ring" (Architektenvereinigung). *"Berliner Vertrag"* (deutsch-sowjetischer Neutralisierungsvertrag). Volksentscheid zur Fürstenenteignung scheitert. Deutschland im Völkerbund.

1927

Im Haus Schlemmer (Burgkühnauer Allee 5) wohnen: Hannes Meyer (Leiter der Architekturabteilung am Bauhaus) und Gunta Stölzl (Jungmeisterin für Weberei). Bauhaus-Meister Georg Muche verlässt das Bauhaus. In das Wohnhaus Burgkühnauer Allee 4 zieht der Leiter der Wandmalereiwerkstatt Hinnerk Scheper mit seiner Frau Lou. Endabrechnung für die Meisterhäuser: Haus Gropius: 68.890,56 RM, Haus

II: 83.238,22 RM, Haus III: 83.391,23 RM, Haus IV: 82.164,75 RM. Endsumme: 343.964,73 RM plus *"Insgemeinausgaben"* und Honorarkosten. Entwurf vorgefertigter Stahlskelett-Reihenhäuser vom Typ *"BAMBOS"* (Bayer, Albers, Meyer, Breuer, Meyer-Ottens, Schmidt) von Marcel Breuer für die Unterbringung weiterer fünf Bauhaus-Meister in Kleinwohnungen, gedacht als kleine Siedlung gegenüber dem Bauhausgebäude und als Entgegnung auf die Meisterhaussiedlung von Gropius. Errichtung der Weissenhofsiedlung in Stuttgart. Reichspräsident von Hindenburg besucht Dessau. In Deutschland erreicht die Wirtschaft erstmals wieder den Stand von 1913. 1,3 Millionen Arbeitslose.

1928

Verwaltung der Meisterhäuser durch die Bauabteilung des Bauhauses (Arieh Sharon, später Hans Volger). Walter Gropius tritt als Direktor des Bauhauses zurück. Mit ihm verlassen Laszlo Moholy-Nagy, Herbert Bayer und Marcel Breuer das Bauhaus. Hannes Meyer, der Nachfolger von Walter Gropius im Direktorenamt, übernimmt das Einzelhaus. In das Haus Burgkühnauer Allee 2 (vormals Moholy-Nagy) zieht Josef Albers mit seiner Frau Anni.
Mitteldeutscher Metallarbeiterstreik. Erste Überquerung des Atlantischen Ozeans mit einer Junkers W 33. Gründung der CIAM (Internationaler Kongress für Neues Bauen) in La Sarraz/Schweiz. Ergebnis der Reichstagswahlen: SPD 29,8 %, KPD 10,6 %, DDP 4,9 %, Zentrum 12,1 %, DVP 8,7 %, DNVP 14,2 %, NSDAP 3,6 %.

1929

Im Haus Scheper (Parterre) wohnen bis 1931: Gunta Stölzl (Leiterin der Weberei), ihre Tochter und (zeitweise) auch Arieh Sharon. Schepers halten sich für einige Zeit in der UdSSR auf. Oskar Schlemmer, bislang Leiter der Bauhaus-Bühne, verlässt das Bauhaus und zieht aus. Alfred Arndt, Leiter der Ausbauabteilung am Bauhaus, zieht zusammen mit seiner Frau Gertrud in das Haus Burgkühnauer Allee 5 (Parterre). Das Obergeschoss bewohnen Joost Schmidt und seine Frau Helene.
Eröffnung des RAW in Dessau. 2. CIAM-Kongress (*"Die Wohnung für das Existenzminimum"*) in Frankfurt. 2,8 Millionen Arbeitslose. *"Blutmai"* in Berlin. Vorschlag von Frankreich *"Vereinigte Staaten von Europa"* vor dem Völkerbund. Weltwirtschaftskrise.

1930

Entlassung von Hannes Meyer als Direktor des Bauhauses. Sein Nachfolger, Ludwig Mies van der Rohe, zieht in das Einzelhaus und nimmt bauliche Veränderungen im Innern vor. Wegen Baumängeln (Fenster, Dämmung und Installation) erste Reparaturarbeiten an den Meisterhäusern. Das Buch *"bauhausbauten dessau"* von Walter Gropius erscheint.
Angriffe der rechten Presse gegen das Bauhaus. Bezug der Laubenganghäuser von Hannes Meyer im Anschluss an die Siedlung Dessau-Törten (Walter Gropius).

Jahresmiete für eine Zweieinhalb-Zimmer-Wohnung mit Küche, Bad und Zubehör: 450 Mark. Erster NSDAP-Minister in einer Landesregierung (Thüringen). 3,5 Millionen Arbeitslose. Young-Plan. Brüning wird Reichskanzler. Auflösung des Reichstages. Belagerungszustand in Deutschland.

1931

Paul Klee verlässt das Bauhaus, behält jedoch seine Wohnung im Meisterhaus. Gunta Stölzl kündigt und verlässt Dessau für immer.
Gemeinderatswahlen in Dessau. NSDAP fordert Streichung der Finanzierung des Bauhauses und Abriss des Gebäudes. Sie wird zur stärksten Partei in Dessau. 5 Millionen Arbeitslose. Notverordnung zur Abschaffung des Demonstrationsrechts. Massenentlassungen in der Großindustrie.

1932

KPD-Parolen von Bauhaus-Studierenden am Wohnhaus von Wassily Kandinsky. Alfred Arndt kündigt seine Wohnung (Haus 5). Inventarabnahme im Haus 1 (Direktorenhaus) durch den Magistrat der Stadt Dessau. Kandinskys ziehen aus.
Antrag der NSDAP zur Schließung des Bauhauses und die Entlassung sämtlicher Lehrkräfte wird bei nur vier Gegenstimmen (3 KPD, 1 Oberbürgermeister) und der Stimmenthaltung der SPD angenommen. Weiterführung des Bauhauses durch Mies van der Rohe als Privatinstitut in Berlin-Steglitz. CIAM-Kongress in Barcelona. Höhepunkt der Weltwirtschaftskrise. In Dessau 8 980 Arbeitslose bei ca. 70 000 Einwohnern. Wilhelm Feuerherdt, Reichsbannermann, wird erstes Opfer der Faschisten in Dessau. Am 20. August wird Adolf Hitler von Tausenden Dessauern in der Stadt empfangen. Arbeitslosenzahl in Deutschland: 6,1 Millionen. Sturz der Regierung Brüning. Kabinett von Papen (Zentrum). Hindenburg löst den Reichstag auf. Bei den Reichstagswahlen wird die NSDAP stärkste Partei.

1933

Durchsuchung der Meisterhäuser durch SS., SA., Polizei und Kriminalpolizei. Die letzten Bauhaus-Meister und ihre Familien ziehen aus. Mitarbeiter der Junkers-Werke bewohnen die Meisterhäuser. Umbauten in den Fensterbereichen und teilweiser Verlust der großen Atelierfenster.
Polizeiliche Durchsuchung des Bauhauses Berlin auf Antrag der Dessauer Staatsanwaltschaft. Antrag auf vorläufige Schließung. Am 20. Juli löst Ludwig Mies van der Rohe mit Zustimmung der Meister das Bauhaus auf. Aufruf der KPD zur Einheitsfront und zum Generalstreik. Adolf Hitler wird Reichskanzler. Reichstagsbrand. Auflösung der Gewerkschaften. *"Bücherverbrennung"*. Gesetz zur Sicherung der Einheit von Partei und Staat.

1939

Ratsentschluss der Stadt Dessau zum Verkauf der Meisterhäuser an die Junkers-Werke mit der Verpflichtung, *"diese Häuser im Einvernehmen mit dem Stadtbauamt außen jetzt umzugestalten, so dass die wesensfremde Bauart aus dem Stadtbild verschwindet."* Weitere Veränderungen der Fassaden sowie der Raumaufteilung im Innern.

1945

7. März: Bei einem Bombenangriff auf Dessau werden das Einzelhaus und eine Doppelhaushälfte (Haus Moholy-Nagy) zerstört.

Lyonel Feininger – Kurzbiographie

1871
17. 7. in New York geboren. Vater Musiker, Mutter Sängerin deutscher Herkunft

1887
Überfahrt nach Hamburg, besucht Zeichen- und Malklassen der Gewerbeschule

1888–1892
Malerei-Studium an Königl. Akademie Berlin. Zeichnungen für Zeitschriften u.a.
"Ulk" und Buchillustrationen

1901
heiratet Clara Fürst, Tochter Lore 1901 geboren und Tochter Marianne 1902

1902/1903
Ausstellungsbeteiligung an Berliner Secession und

1904
an Großen Berliner Kunstausstellung

1892/1906/1908
Studienaufenthalte in Paris und London

1908
heiratet Julia Berg, Sohn Andreas 1906 geboren, Laurence 1909,
Theodor-Lux 1910 geboren

1913
Atelier in Weimar und Radtouren in die Umgebung; Thüringer Dörfer:
Gelmeroda, Mellingen, Vollersroda u.a. werden nach Natur gezeichnet

1914
Neues Atelier in Berlin, lernt *"Brücke-Maler"* kennen

1917
Einzelausstellung in Galerie *"Der Sturm"* in Berlin

1919
Feininger wird von W. Gropius in den *"Meisterrat"* des Bauhauses in Weimar
berufen; er leitet die Druckwerkstatt.

1920
im *"Anger-Museum"* Erfurt erste Einzelausstellung in einem Museum und ab

1923
dort ein Atelier

1924
Feininger, Jawlensky, Klee und Kandinsky gründen Ausstellungsgemeinschaft *"Die Blauen Vier "*. Emmy Schreyer vermittelt in USA.

1926
Übersiedlung mit dem Bauhaus nach Dessau. *"Meister"* ohne Lehrverpflichtung, Wohnung in der Meisterhaussiedlung

1929–1931
im Auftrag der Stadt Halle/Saale entstehen 11 Halle-Bilder in Öl.

1929
Feininger in Ausstellung im *"Museum of Modern Art"* New York vertreten

1931
zu seinem 60. Geburtstag Ausstellung im Kronprinzen-Palais Berlin

1932
Schließung des Bauhauses in Dessau; Feininger zieht nach Berlin.

1937
Feininger verlässt Deutschland, wohnt in New York. Seine Gemälde werden als *"entartet"* von den Nationalsozialisten aus deutschen Museen entfernt.

1940
die ersten Manhattan-Bilder entstehen.

1944
Feininger schafft in den USA durch Ausstellungen volle Anerkennung – erste große Retrospektive im *"Museum of Modern Art"*; leitet Sommerkurse; trifft Walter Gropius wieder; erhält Anerkennung als amerikanischer Maler.

1956
15. 1. in New York gestorben

Kurt Weill – Kurzbiographie

1900
2. 3. in Dessau geboren, Vater Kantor an der Synagoge

1915
Musikalische Ausbildung in Dessau bei Kapellmeister Albert Bing
und erste Kompositionen

1918
Studium an der Hochschule für Musik
Berlin bei Engelbert Humperdinck u. Rudolf Krasselt

1919
Unterbrechung des Studiums, Rückkehr nach Dessau als Korrepetitor am Theater.
Letzter Aufenthalt in Dessau. Seine Eltern ziehen nach Leipzig.

1920
Kapellmeister in Lüdenscheid. Ab Herbst 1920 bis 1923 Meisterschüler bei
Ferruccio Busoni an der Berliner Akademie der Künste.
Mitglied im Musikrat der *"Novembergruppe"* in Berlin, Ballett-Pantomime,
1922, *"Die Zaubernacht"*, 1923, lernt seine spätere Frau Lotte Lenya
und den Dichter Georg Kaiser kennen.

1925
Kritiker für die Zeitung *"Der deutsche Rundfunk"*,
Konzert für Violine und Blasorchester

1926
Der Protagonist, Operneinakter,
Text: Georg Kaiser, lernt Bertolt Brecht kennen

1927
Beginn der Zusammenarbeit Brecht-Weill an "Aufstieg und Fall der Stadt
Mahagonny", Uraufführung *"Mahagonny-Songspiel"*

1928
Premiere *"Dreigroschenoper"*, Theater am Schiffbauerdamm

1930
Premiere *"Aufstieg und Fall der Stadt Mahagonny"*, Neues Theater Leipzig

1933
Premiere *"Der Silbersee"*. Kurt Weill flieht aus Deutschland.

1933–1935
Aufenthalte in Frankreich und Großbritannien.
Es entstehen u.a. Chansons und das Ballett chanté *"Die Sieben Todsünden"*.

1935
Übersiedlung nach New York, Arbeit an *"Der Weg der Verheißung"*
mit Max Reinhardt und Franz Werfel

1936
Premiere des Musical Play *"Johnny Johnson"*

1937
Musik zu Filmen, Premiere von *"The Eternal Road"*

1938
Premiere des Musicals *"Knickerbocker Holiday"*

1941
Premiere von *"Lady in the Dark"*, welches seinen endgültigen Durchbruch
am Broadway markiert

1943
Massenspiel *"We will never die"*
Premiere von *"One Touch of Venus"*, sein erfolgreichstes Musical

Bärbel Hempel
geboren 1939 in Rathenow.
Studium der Kunstgeschichte
und Klassischen Archäologie
in Berlin.
Seit 1996 Mitarbeiter im
Kurt-Weill-Zentrum Dessau.

1947
Premiere der Broadway Oper *"Street Scene"*

1948
Premiere der Folkoper *"Down in the Valley"* und des Musicals *"Love Life"*

1949
Premiere der Musical tragedy *"Lost in the Stars"*

1950
Stirbt am 3. April in New York

Meisterhaus Feininger,
Blick ins Atelier
(nach Nordost), 1994

Bildnachweis

Wir haben uns bemüht, alle Fotorechte zu klären und Veröffentlichungs-Genehmigungen einzuholen. Sollten wir dennoch berechtigte Ansprüche übersehen haben, bitten wir um Kontaktaufnahme. (Kontaktadresse: Kurt-Weill-Gesellschaft e.V., Ebertallee 63, 06846 Dessau)

Heinz Ambrasus, Dessau:
Bucheinband Rückseite außen,
Seite 39

Bauhaus-Archiv, Berlin:
Seite 12 (o.u.u.), 13, 14, 15 (o.),
26 (o.), 31 (o.), 33 (r.), 51, 53, 54,
64, 65

Hans-Otto Brambach:
Seite 26 (m.u.u.), 29 (o.u.u.), 30
diverse Pläne und Untersuchungen
zur Farbgestaltung

Brinkhoff/Mögenburg, Geesthacht: Seite 95

Dresden, Galerie neuer Meister: Seite 67

Andreas Feininger: Seite 50 (alle)

Boris Geilert: Seite 42 (o.u.u.)

Ralph Hagemann: Seite 24

Bernd Helbig: Seite 43, 94

Heyde/Pausch, Berlin: Seite 93

Katalog *Lyonel Feininger, Natur-Notizen*
Skizzen und Zeichnungen aus dem Busch-Reisinger
Museum, Harvard University:
Seite 57 (o.), 58 (u.), 66 (u.)

Katalog Exhibition Lyonel Feininger
New York 1985, Washington 1986:
Seite 59 (u.), 61 (u.)

Katalog *Lyonel Feininger, Die Halle-Bilder.*
Hg. von Wolfgang Büche, Prestel-Verlag,
München 1991: Seite 68 (u.)

Peter Kühn, Dessau:
Bucheinband Vorderseite innen und außen

Kunstmuseum Bern,
Hermann-und Margrit-Rumpf-Stiftung:
Seite 66 (o.)

Kurt Weill-Foundation for Music, New York:
Seite 89

Kurt-Weill-Gesellschaft e.V., Dessau:
Seite 91, 92, 103

Lyonel-Feininger-Galerie Landkreis Quedlinburg,
Foto Edgar Mertens, Quedlinburg: Seite 56

Laszlo Moholy-Nagy (?): Seite 51

Lucia Moholy (?): Seite 53, 65

Petersen 1992: Repro nach Originalfoto: Seite 65

Pressefoto, kurz nach der Ankunft in Amerika,
Foto: Louise Dahl-Wolf: Seite 110

Pressefoto HdK, Berlin: Seite 93

Soenne, Preusweg 32, Aachen:
Bucheinband hinten innen, Seite 22/23, 34/35,
46, 63, 70, 100/101, 128/129

Danksagung

Die Kurt-Weill-Gesellschaft e.V. und das Feiningerhaus bedanken sich an dieser Stelle in erster Linie bei der Dresdner Bauspar AG dafür, dass dieses Buch entstehen konnte. Die zahlreichen Besucher der Dessauer Meisterhäuser haben häufig nach ausführlicherer Information gefragt und werden, so hoffen wir, mit Freude dieses Buch in die Hand nehmen.

Wir bedanken uns bei der Dresdner Bauspar AG für das große Interesse am Entstehen dieses Buches und für die finanzielle Absicherung des Projektes. Frau Birgit Langer hat sich im Auftrag der Bauspar AG in besonderer Weise für die Realisierung des Planes eingesetzt.

Wir danken auch allen Autoren, ohne deren Mitdenken aus allen Plänen nichts geworden wäre. Wir bedanken uns bei den Fotografen, die uns mit ihren Honoraren sehr entgegengekommen sind oder gänzlich auf ihr Honorar verzichtet haben.

Zahlreiche Personen und Einrichtungen haben uns geholfen. Vorlagen für Fotos und Briefe wurden uns überlassen.

Besonderer Dank gebührt dem Bauhaus Dessau e.V. für die großzügige finanzielle Unterstützung.

Alle diejenigen, die zum Gelingen des Buches beigetragen haben, schicken es nun mit besten Wünschen auf den Weg und hoffen, dass es freundlich aufgenommen wird.

Wolfgang Laczny
Präsident der Kurt-Weill-Gesellschaft e.V.

Andreas Altenhof
Leiter des Feiningerhauses

Band 5 der Edition Dresdner Bauspar AG
"... Das Treppenhaus ist meine ganze Freude..."
Meisterhäuser in Dessau – Das Feiningerhaus

Die Deutsche Bibliothek – CIP Einheitsaufnahme
"... Das Treppenhaus ist meine ganze Freude...": Meisterhäuser in Dessau – Das Feiningerhaus /
(Hg.) Dresdner Bauspar. – Frankfurt/Main: Umschau/Braus, 2001
ISBN 3-8295-6911-4

Verantwortlich in Sachen Redaktion
Wolfgang Paul
Erdmute Siegfried
Mitarbeit: Erdmuthe Roepke

Gestaltung
grafik-design ex usu
Erhard Grüttner
Reinhard Kossatz
Tschudistraße 8c
14476 Neu Fahrland

Gesamtherstellung
Brönners Druckerei Breidenstein GmbH
Frankfurt am Main

Printed in Germany
ISBN 3-8295-6911-4